11+ Maths
Numerical Reasoning Technique

WORKBOOK 1

Stephen C Curran

Edited by Dr Tandip Singh Mann & Anne-Marie Choong

This book belongs to

Accelerated Education Publications Ltd

Contents

1. Basic Number

		Pages
1.	Tens Number System	3-6
2.	Addition	7
3.	Subtraction	8-10
4.	Multiplication	11-15
5.	Division	16-19
6.	Words to Number Problems	20
7.	Inverse Operations	21
8.	Inverse Problems	22-24
9.	More Number Problems	24

2. Number Relationships

1.	Magic Squares	25-26
2.	Addition Squares	26-27
3.	Subtraction Squares	27-28
4.	Multiplication Squares	28-29
5.	Division Squares	29-30
6.	Chinese Multiplication	30-31
7.	Box Method Multiplication	32-33
8.	Multiply by Repeated Addition	33-34
9.	Divide by Repeated Subtraction	34-35
10.	Approximating Numbers	35-36
11.	Odd and Even Numbers	36
12.	Squares	36-37
13.	Cubes	37-39
14.	Indices	39
15.	Prime Numbers	40
16.	Rectangular Numbers	41
17.	Triangular Numbers	41-42
18.	Number Sequences	42-43

		Pages
19.	Number Lines	44
20.	Positive and Negative Numbers	45-46
21.	Factors	47-49
22.	Multiples	49-50
23.	Applied Number Problems	50-51
24.	Roman Numerals	52-53
25.	Number Relationship Problems	53-54

3. Decimals

1.	Tens Number System	55-56
2.	Place Value	57-68
3.	Addition and Subtraction	68-69
4.	Multiplication	70-72
5.	Division	73-79
6.	Decimal Operations	80-81
7.	Decimal Problems	82

© 2006 Stephen Curran

Chapter One
BASIC NUMBER
1. Tens Number System

The **Tens Number System** is also called the **Denary System**.

- Single figures are termed **digits**.
- Groups of digits are termed **numbers**.
- **Place value** means that the position of a digit in any number represents its value.

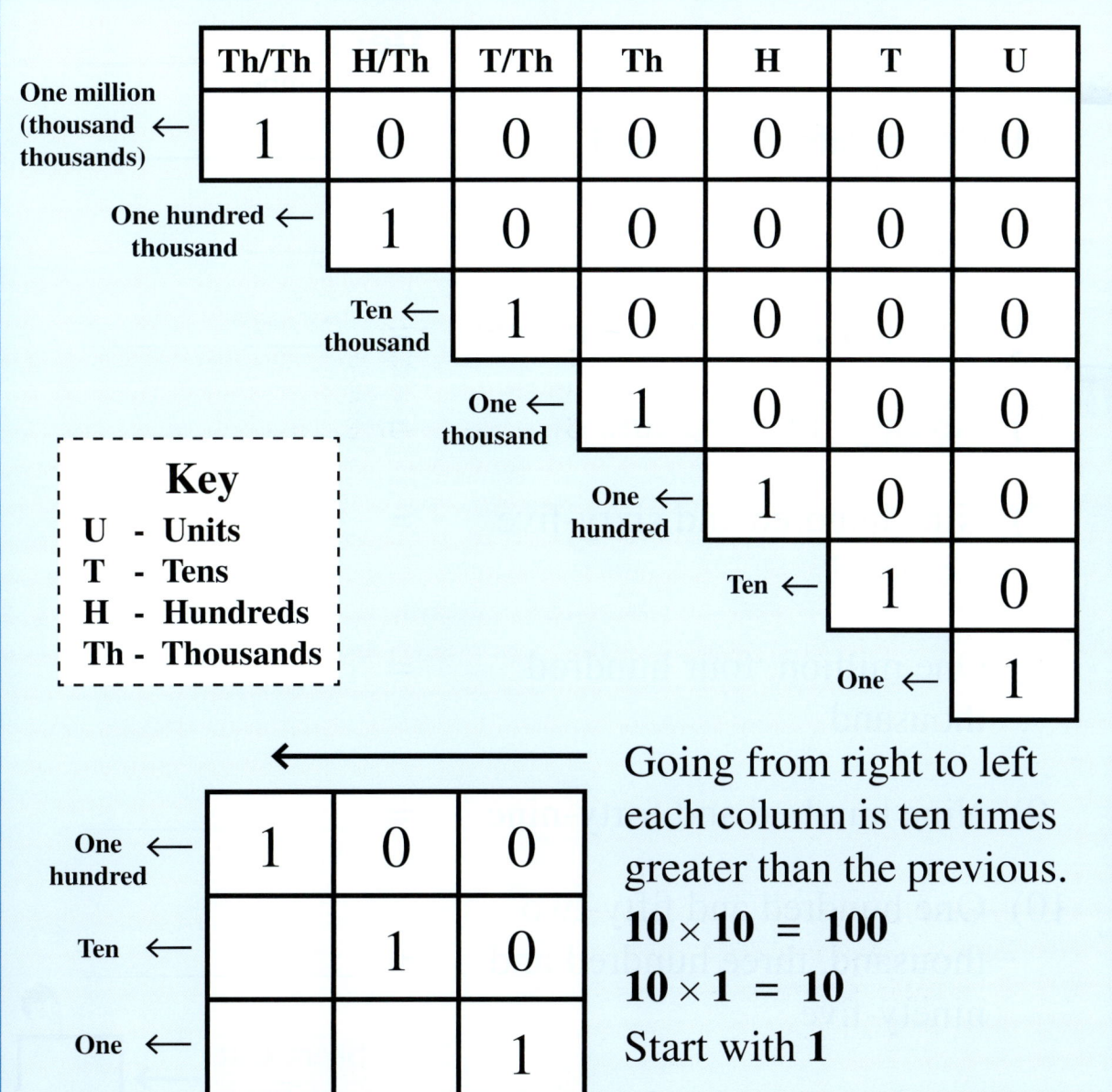

Key
U - Units
T - Tens
H - Hundreds
Th - Thousands

Going from right to left each column is ten times greater than the previous.

$10 \times 10 = 100$

$10 \times 1 = 10$

Start with **1**

a. Numbers in Figures

Example: Write five hundred thousand and twenty-three in figures.

Place the number in the table (start in **100,000** column).
Answer: **500,023**

Exercise 1: 1 Write the numbers in figures:

1) Thirty-five = _____

2) Four hundred and nine = _____

3) One hundred thousand = _____

4) Four hundred and forty-six = _____

5) Six thousand and twenty-one = _____

6) Seventy-five thousand = _____

7) Nine hundred and sixty-five thousand = _____

8) One million, four hundred thousand = _____

9) Nine hundred and forty-nine = _____

10) One hundred and fifty-two thousand, three hundred and ninety-five = _____

Score Out of Ten →

b. Numbers in Writing

Example: Write **7,093** in words.

Place the number in the table (start in **1,000** column).

Answer: **Seven thousand and ninety-three**

Exercise 1: 2 Put the figures into writing:  Score

1) **11** = _____

2) **23** = _____

3) **899** = _____

4) **190** = _____

5) **359** = _____

6) **1,310** = _____

7) **25,853** = _____

8) **69,942** = _____

9) **234,300** = _____

10) **1,545,770** = _____

© 2006 Stephen Curran

c. Number Values

Exercise 1: 3   Calculate the following:

1) Rearrange these numbers in size order, largest first.

   3,561   772   5,743   9,990   1,232   9,078

   ___   ___   ___   ___   ___   ___

   Write the value of the underlined figures.

2) In writing:

   46,4<u>5</u>2   67<u>8</u>

   ___   ___

3) In numbers:

   33,<u>6</u>74   <u>5</u>5   7<u>5</u>6, 394

   ___   ___   ___

4) Which is largest?

   357,929 or 376,216

   ___

5) Which is smallest?

   79,433 or 79,511

   ___

6) Write out all the numbers that can be made from **789** in size order, largest first (the first is done).

   987   ___   ___   ___   ___   ___

7) Which is smallest?

   531,888 or 516,998

   ___

8) Which is largest?

   11,001 or 11,210

   ___

9) Rearrange these numbers in size order, smallest first.

   1,192   88   8,754   901   12   7,069

   ___   ___   ___   ___   ___   ___

10) What is the smallest number that can be made from **58,193**? _____

Score

2. Addition

Example: Calculate 568 + 369.

```
  5 6 8     ← Start here
              8 + 9 = 17
  3 6 9 +
  ─────
  9 3 7
  1 1       ← Carry ten to
              next column.
```

Answer: **937**

Exercise 1: 4a

1) 6 6 9 2
   4 8 6 1 +
   ─────

2) 6 2 9 3
   3 1 4 8 +
   ─────

3) 4 5 7 1
   2 1 9 7 +
   ─────

4) 5 1 2 3
   8 4 9 9 +
   ─────

Addition is a commutative operation; **2 + 3** gives the same answer as **3 + 2**.

Addition Terms
- Add
- Plus
- Total
- Both
- Increase
- Enlarge
- Find the total of
- Find the sum of
- More than
- Combine
- Altogether
- In all

If numbers are missing. Example:

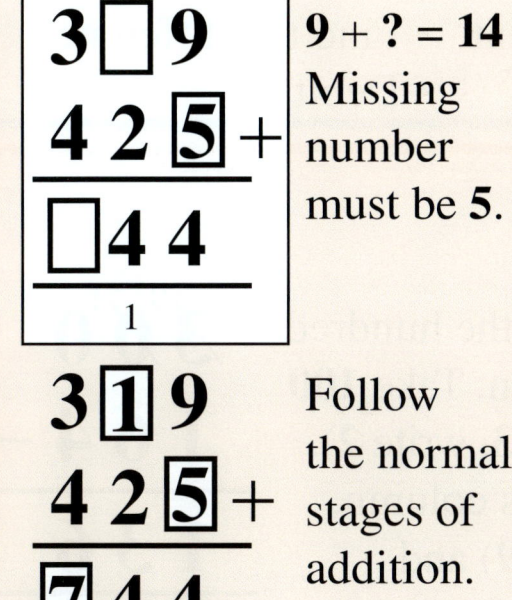

9 + ? = 14
Missing number must be **5**.

Follow the normal stages of addition.

Exercise 1: 4b

Score

5) □ 8 9
    8 7 □ +
    ─────
    1 6 □ 4

6) 6 □ 3
    7 8 5 +
    ─────
    □ 4 6 □

7) 6 1 □ 3
    9 7 8 0 +
    ─────
    □ 5 □ 0 3

8) 5 0 □ 8
    7 □ 8 0 +
    ─────
    1 3 0 5 □

9) □ 5 6 7
    6 7 8 □ +
    ─────
    1 1 □ 5 3

10) □ 8 7 □
    9 7 3 1 +
    ─────
    1 1 6 □ 6

© 2006 Stephen Curran

3. Subtraction
a. Method One

The standard method involves **borrowing from the top**.

Example: Calculate **542 − 79**.

2 subtract **9** cannot be done.
Borrow **10** from **40**.
Cross out **4** and make it **3**.
2 becomes **12** (**10 + 2**) then subtract.
Continue same method to the end.

$$\begin{array}{r} {}^{4}\cancel{5}\,{}^{13}\cancel{4}\,12 \\ 79\,- \\ \hline 463 \end{array}$$

Answer: **463**

Exercise 1: 5a Calculate the following:

1) 6 4 7 8
   4 2 4 5 −

2) 8 6 7 9
      9 1 2 −

3) 6 8 3 6
   5 4 9 8 −

4) 6 7 1 0
      8 9 5 −

Subtraction is not commutative; **2 − 3** is not the same as **3 − 2**.
Subtraction Terms
• Subtract • Deduct • Remove • Take away/from/off
• Less • Decrease • Discount • Find the difference
• Minus • Reduce • Dock • Debit

Example: Calculate **300 − 164**.

0 subtract **4** cannot be done.
There are **0 tens** so borrow from the hundreds column instead of the tens column. Take **100** from **300**, leaving **200** (cross out **3**, write **2**). Use the **100** to fill up tens & units column. **90** in the tens (cross out **0**, write **9**) and **10** in the units (write **1**, making **10**).

$$\begin{array}{r} {}^{2}\cancel{3}\,{}^{9}\cancel{0}\,{}^{1}0 \\ 164\,- \\ \hline 136 \end{array}$$

Answer: **136**

Exercise 1: 5b Calculate the following:  Score

5) 400
    237 –
    _____

6) 700
    513 –
    _____

7) 2 0 0 0
    479 –
    _____

8) 6 0 0 5
    4 4 7 8 –
    _____

9) 4 7 0 0
    1 8 9 9 –
    _____

10) 7 0 0 1
    4 4 9 5 –
    _____

b. Method Two

A second method involves **adding to the bottom**.

Example: Calculate **1,000 − 549**.

0 subtract 9 cannot be done.
Borrow 10 and pay back.
Make 0 into 10. Add 1 to 4 making 5.
Continue method to end of sum.

$$\begin{array}{r} {}^0 1{}^1 0{}^1 0{}^1 0 \\ {}^6 5 {}^5 4 9 - \\ \hline 4\,5\,1 \end{array}$$

Answer: **451**

Exercise 1: 6   Calculate the following:

1) 1 0 0 0
    6 7 8 –
    _____

2) 1 0 0 0
    9 1 2 –
    _____

3) 1 0 0 0
    7 9 2 –
    _____

4) 3 0 0 0
    6 2 9 –
    _____

5) 2 0 6 0
    7 8 7 –
    _____

6) 6 1 0 0
    4 6 9 9 –
    _____

7) 5 0 1 0
    2 2 5 6 –
    _____

8) 7 0 0 1
    5 1 9 –
    _____

9) 4 2 0 8 0
    1 0 6 9 2 –
    _____

10) 3 0 0 0 0
    1 9 8 7 –
    _____

Score

© 2006 Stephen Curran

Missing numbers are found using methods one and two.

Example:

```
  4 0 2 ☐
  ☐ 5 ☐ 5 −
  ───────
  2 ☐ 8 9
```

? − 5 = 9 (Missing number is **4**.)
Make the **2** in next column into **1**.
Borrow **1**, making **11**.
11 − ? = 8 (Missing number is **3**.)
Pay back **1**; make the **5** into **6**.
Borrow **1**, making **10**.
Make **4** in the next column into **3**.
10 − 6 = ? (Missing number is **4**.)
3 − ? = 2 (Missing number is **1**.)

$\overset{3}{\cancel{4}}\ \overset{1}{0}\ \overset{11}{\cancel{2}}\ \overset{1}{4}$
$1\ \overset{6}{\cancel{5}}\ 3\ 5\ -$
$\overline{2\ \boxed{4}\ 8\ 9}$

Exercise 1: 7 Calculate the following:

1) 7 ☐ 3
    ☐ 3 ☐ −
    ───────
    5 5 2

2) ☐ 0 5
    3 ☐ 9 −
    ───────
    1 7 ☐

3) 8 ☐ 0
    1 1 ☐ −
    ───────
    ☐ 8 7

4) ☐ 9 1
    2 ☐ 6 −
    ───────
    2 9 ☐

5) 6 0 2 ☐
    4 ☐ 6 2 −
    ─────────
    ☐ 9 ☐ 2

6) 8 ☐ 1 4
    ☐ 1 7 ☐ −
    ─────────
    5 0 ☐ 5

7) 4 ☐ 0 ☐
    2 9 ☐ 5 −
    ─────────
    ☐ 8 8 9

8) 9 ☐ 3 8
    ☐ 1 ☐ 3 −
    ─────────
    6 9 9 ☐

9) ☐ 0 ☐ 8
    1 7 8 ☐ −
    ─────────
    1 ☐ 1 9

10) ☐ 1 0 ☐
    3 ☐ 2 8 −
    ─────────
    4 0 ☐ 9

Score ☐

4. Multiplication
a. Short Multiplication

This method is used when **Multiplying** by single digits (**1-9**).

Example: Calculate **759 × 9**.

9 × 9 = 81   Carry **8** and write **1**.
9 × 5 = 45   Add **8**.   45 + 8 = 53
Carry **5** and write **3**.   9 × 7 = 63
Add **5**.   63 + 5 = 68

```
   7 5 9
       9 ×
   ─────
   6 8 3 1
     5 8
```

Answer: **6,831**

Exercise 1: 8a   Calculate the following: Score

1) 6 9 3 2
        3 ×

2) 5 4 9 7
        4 ×

3) 5 9 8 7
        5 ×

4) 7 9 5 1
        6 ×

5) 7 5 2 0
        7 ×

6) 9 8 6 1
        8 ×

Finding missing numbers.
Example:

```
   9 5 ☐
       4 ×
   ─────
   ☐ 8 2 0
```

```
   9 5 5
       4 ×
   ─────
   3 8 2 0
     2 2
```

4 × ? = ?0
It must be
4 × 5 = 20

Do as a normal multiplication.

Exercise 1: 8b

7)   8 9 2
       ☐ ×
     ─────
     ☐ 7 8 4

8)   7 6 ☐
         3 ×
     ─────
     2 ☐ 0 4

9)   9 ☐ 6
         8 ×
     ─────
     7 8 0 ☐

10) ☐ 0 8
         9 ×
     ─────
     8 1 7 ☐

Multiplication Terms
- Find the product of
- Repeated Addition
- Multiply
- Times
- Scale up by
- Number of sets/groups/lots of
- Double (multiply by **2**)
- Treble/Triple (multiply by **3**)
- Quadruple (multiply by **4**)

- The number being multiplied is the **multiplicand**.
- The multiplying number is the **multiplier**.
- The number obtained is the **product**.

$$\begin{array}{r} 37 \leftarrow \text{Multiplicand} \\ \underline{\times\ 4} \leftarrow \text{Multiplier} \\ 148 \leftarrow \text{Product} \end{array}$$

Multiplication is a commutative operation; 3×2 gives the same answer as 2×3.

b. Multiplying by Tens

To multiply by **10**, put **0** on the end. $2 \times 10 = 20$
To multiply by **100**, put **00** on the end. $2 \times 100 = 200$
To multiply by **1,000**, put **000** on the end. $2 \times 1,000 = 2,000$

Example: Calculate $100 \times 2,000$.

Count the number of zeros on the multiplier and put the same number of zeros on the muliplicand.

Answer: $100 \times 2,000 = 200,000$

Exercise 1: 9   Calculate the following: Score

1) $5 \times 10 =$ _____
2) $6 \times 100 =$ _____
3) $7 \times 1,000 =$ _____
4) $25 \times 100 =$ _____
5) $10 \times 30 =$ _____
6) $100 \times 100 =$ _____
7) $100 \times 150 =$ _____
8) $1,000 \times 55 =$ _____
9) $100 \times 13 =$ _____
10) $10 \times 5,000 =$ _____

c. Long Multiplication

Long Multiplication is used when multiplying by more than one digit.

Method 1 - This involves breaking the sum into two distinct parts.

Example: Calculate **213 × 23**.

```
  2 1 3
      3 ×
  ─────
  6 3 9
```

Step 1 - Multiply **213** by the **3** units as in short multiplication.

```
  2 1 3
  ↖ ↑ ↗
    2 0 ×
  ─────
  4 2 6 0
```

Step 2 - Multiply the **20** units (two tens). Place a **0** in the first space as the units have been multiplied already.

Step 3 - Add the two results together to attain the answer.

```
    6 3 9
  4 2 6 0 +
  ─────
  4 8 9 9
```

Answer: **4,899**

Exercise 1: 10   Calculate the following: Score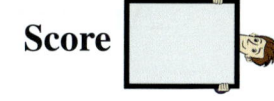

1) Multiply **35** by **23**.

```
    3 5          3 5
      3 ×        2 0 ×
  ─────      ─────
              +      0
  ─────      ─────
```

Add the two sums to find the answer. _____

2) Multiply **97** by **45**.

```
    9 7          9 7
      5 ×        4 0 ×
  ─────      ─────
              +      0
  ─────      ─────
```

Add the two sums to find the answer. _____

3) Multiply **57** by **19**.

```
    5 7        5 7
    9 ×       1 0 ×
  _____     _____
          +        0
  _____     _____
```

Answer _____

4) Multiply **43** by **25**.

```
    4 3        4 3
    5 ×       2 0 ×
  _____     _____
          +        0
  _____     _____
```

Answer _____

5) Multiply **355** by **34**.

```
   3 5 5     3 5 5
     4 ×      3 0 ×
  _____     _____
          +        0
  _____     _____
```

Answer _____

6) Multiply **267** by **24**.

```
   2 6 7     2 6 7
     4 ×      2 0 ×
  _____     _____
          +        0
  _____     _____
```

Answer _____

7) Multiply **475** by **78**.

```
   4 7 5     4 7 5
     8 ×      7 0 ×
  _____     _____
          +        0
  _____     _____
```

Answer _____

8) Multiply **547** by **32**.

```
   5 4 7     5 4 7
     2 ×      3 0 ×
  _____     _____
          +        0
  _____     _____
```

Answer _____

9) Multiply **1534** by **68**.

```
  1 5 3 4   1 5 3 4
      8 ×      6 0 ×
  _____     _____
          +        0
  _____     _____
```

Answer _____

10) Multiply **2825** by **57**.

```
  2 8 2 5   2 8 2 5
      7 ×      5 0 ×
  _____     _____
          +        0
  _____     _____
```

Answer _____

Method 2 - The traditional method combines both sums and can be used when multiplying by more than one digit.

Example: Calculate **213 × 23**.

Ignore the **2** and multiply by **3**.
Line 1 - **3 × 213 = 639**
Now multiply by **2** (see arrows).
Line 2 - Put a **0** in units column.
       - **20 × 213 = 4,260**
Add Line 1 and Line 2 = Line 3.
639 + 4,260 = 4,899

```
    2 1 3
    2 3 ×
    ─────
    6 3 9   Line 1
  + 4 2 6 0 Line 2
    ─────
    4 8 9 9 Line 3
```

Answer: **4,899**

Exercise 1: 11   Calculate the following: Score

1)   3 4
     1 8 ×
     ─────
        0
     ─────

2)   7 3
     4 2 ×
     ─────
        0
     ─────

3)   6 2
     4 3 ×
     ─────
        0
     ─────

4)   5 6
     2 6 ×
     ─────
        0
     ─────

5)   8 2 8
       9 3 ×
     ───────

6)   7 1 9
       9 2 ×
     ───────

7)   2 4 5
       4 5 ×
     ───────

8)   5 3 4 9
         4 3 ×
     ─────────

9)   6 9 8 7
         5 8 ×
     ─────────

10) 8 3 9 7
         7 6 ×
     ─────────

© 2006 Stephen Curran

5. Division
a. Short Division

This method is used when **Dividing** by a single digit.

Example: Calculate **625 ÷ 8**.

8 divides into **62** seven times, remainder **6**.
Write **7** and carry the **6**.
8 divides into **65** eight times, remainder **1**.
Write **8** and put a remainder of **1**.

$$8\overline{)62^65} = 78 \text{ r. }1$$

Answer: **78 r. 1**

Exercise 1: 12a   Calculate the following:
(Questions 1-3 have no remainders.)

1) $8\overline{)688}$ 2) $4\overline{)376}$ 3) $6\overline{)588}$

(Questions 4-6 have remainders.)

4) $3\overline{)4895}$ 5) $7\overline{)6926}$ 6) $9\overline{)87454}$

If numbers are missing do the following:

Example:

$$6\overline{)897} = 1\square 9 \text{ Rem. }3 \quad\quad 6\overline{)8^29^57} = 149 \text{ r. }3$$

Answer: The missing number must be **4**.

Exercise 1: 12b   Fill in the missing numbers:

Score

7) $7\overline{)2982} = 4\square 6$ 8) $9\overline{)3555} = \square 95$

9) $8\overline{)654\square} = 818$ 10) $7\overline{)1\square 14} = 202$

16   © 2006 Stephen Curran

Division Terms
- Share
- Divide
- Find the quotient
- Partition

To find:
- a half, divide by **2**.
- a third, divide by **3**.
- a quarter/fourth, divide by **4**.
- a fifth, divide by **5**.

- The number being divided into is the **dividend**.
- The dividing number is the **divisor** or **divider**.
- The number obtained is the **quotient**.
- The left over is the **remainder**.

$$\text{Quotient} \rightarrow 1\,6_{\text{r. }1} \leftarrow \text{Remainder}$$
$$\text{Divisor} \rightarrow 4\,\overline{)6\,{}^2 5} \leftarrow \text{Dividend}$$

b. Dividing by Tens

To divide by **10**, remove **0**. $20 \div 10 = 2$
To divide by **100**, remove **00**. $200 \div 100 = 2$
To divide by **1,000**, remove **000**. $2,000 \div 1,000 = 2$

Example: Calculate $4,000 \div 100$.

Count the number of zeros on the divisor and remove the same number of zeros from the dividend.

Answer: $4,000 \div 100 = 40$

Exercise 1: 13 Calculate the following: Score

1) $50 \div 10 =$ _____

2) $300 \div 100 =$ _____

3) $5,000 \div 100 =$ _____

4) $560 \div 10 =$ _____

5) $200 \div 100 =$ _____

6) $3,200 \div 10 =$ _____

7) $400 \div 10 =$ _____

8) $520 \div 10 =$ _____

9) $6,000 \div 100 =$ _____

10) $5,900 \div 100 =$ _____

© 2006 Stephen Curran

c. Long Division

This method is used when dividing by two digits.

Example: Calculate **4,926 ÷ 24**.

4 cannot be divided by **24**.
24 divides into **49** twice.
Write **2** in the answer.
2 × 24 = 48
Write **48** under **49**.
Subtract **49 − 48 = 1**.
Bring down the **2**.
24 will not divide into **12**.
Put a **0** in the answer. Bring down the **6**.
24 divides into **126** by **5** (rough work).
Write **5** in the answer. **5 × 24 = 120**
Write **120** under **126** and subtract.
24 will not divide into **6**.
There is a remainder of **6**.

Answer: **205 r. 6**

To help divide use:
Daddy
Mummy
Sister
Brother
(D - divide)
(M - multiply)
(S - subtract)
(B - bring down)

Subtract to find the remainders.

```
       0 2 0 5 r. 6
   24 | 4 9 2 6
        4 8 ↓ ↓
          1 2 6
          1 2 0
              6
```

Rough Work
Guess and test

```
  24        24
 4 ×       5 ×
 ---       ---
  96       120
```

Only up to 9×
per number

In **Long Division**, remainders are found by subtracting on paper instead of using mental calculations (the only difference between long and short division).

Exercise 1: 14   Calculate the following:
(Questions 1- 4 have no remainders.)

1) 14 | 9 1 5 6   2) 13 | 8 9 5 7

= _____   = _____

3) 17)5457   4) 19)7828

   = _____   = _____

5) 18)4885   6) 21)6328

   = _____   = _____

7) 16)10939   8) 15)14051

   = _____   = _____

9) 23)13375   10) 25)23854

   = _____   = _____

Score

6. Words to Number Problems

Questions can involve changing words into one or more of the **Four Rules of Number**. $+ - \times \div$

Reminder of the terms: **Addition**; **Subtraction**; **Multiplication**; **Division**

Example: Add the product of **10** and **12** to the sum of **10** and **12** and the difference between **10** and **12**.

Look for the starting point. It is necessary to do each separate sum before adding up all the answers.

Step 1 - The product of **10** and **12**. $10 \times 12 = 120$
Step 2 - The sum of **10** and **12**. $10 + 12 = 22$
Step 3 - The difference between **10** and **12**. $12 - 10 = \underline{2} +$
Step 4 - Add the answers to the three parts. $\underline{144}$

Answer: **144**

Exercise 1: 15   Answer the following: Score

1) What is the sum of the numbers here that are divisible by **5**? _____   36, 75, 162, 460, 545

2) Find the difference between the quotient of **12** and **4** and the product of **12** and **4**. _____

3) Find the sum of the first ten numbers (**1** to **10**). _____

4) How many times can **27** be subtracted from **1,242**? _____

5) Deduct **23** from **60**, then add **15**. _____

6) Double **16** and then reduce it by **13**. _____

7) Treble **31** and take away **19**. _____

8) Halve **28** and add **4**. Then multiply this by **3**. _____

9) Decrease **11** by **5** and divide by **3**. _____

10) Quadruple **8** and subtract **4**. Divide this by **7**. _____

20   © 2006 Stephen Curran

7. Inverse Operations

It is useful to understand the relationship between the Four Rules of Number. **Inverse means opposite.**

+ and − are a pair of inverse operations.

   5 + 4 = **9** ;   9 − 4 = **5** ;   9 − 5 = **4**

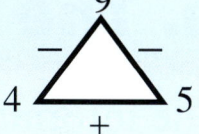

× and ÷ are a pair of inverse operations.

   3 × 4 = **12** ;   12 ÷ 4 = **3** ;   12 ÷ 3 = **4**

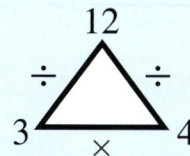

Example: Show adding & subtracting are inverse operations.

```
  5 3      9 5      9 5
  4 2 +    4 2 −    5 3 −
  ───      ───      ───
  9 5      5 3      4 2
```

53 + 42 = **95** | 95 − 42 = **53**
                    | 95 − 53 = **42**

Example: Show multiplying & dividing are inverse operations.

```
   1 2              6         1 2
     6 ×       12)7 2       6)7 2
   ───
   7 2
```

6 × 12 = **72** | 72 ÷ 12 = **6**
                   | 72 ÷ 6 = **12**

Exercise 1: 16 Calculate the following: Score

1-2)
```
  5 5        1 1 9
  6 4 +      □   −
  ───        ───
  □          5 5
```

3-5)
```
  7 9        □          1 2 7
  □   +      4 8 −      □   −
  ───        ───        ───
  1 2 7      7 9        4 8
```

6-7)
```
  4 3
  3 4 ×              □
  ───          ────────
  □            34)1 4 6 2
  ─────
```

8-10)
```
  2 7                □
  4 8 ×        ────────
  ───          27)1 2 9 6
  □
  ─────              □
               ────────
               48)1 2 9 6
```

8. Inverse Problems

All **Inverse Problems** are solved by reversing the operations:
Add ⟷ Subtract   Multiply ⟷ Divide

a. The Forwards Type

The information in these questions can be dealt with in the order it is given, i.e. in a 'forwards' fashion.

Example: 24 is 8 more than half of this number.

Start here (24) is **8 more** than **half** of this number.
− 8 (8 less)   × 2 (2 times)

The sum can be written as: (24 − 8) × 2 = 32

Answer: **32**

Exercise 1: 17a   Solve the following:

1) **14** is **6** more than **one quarter** of this number. _____
2) **35** is **7** less than **six times** this number. _____
3) **17** is **10** more than **one third** of this number. _____
4) **12** is **14** less than **one fifth** of this number. _____
5) **24** is **4** more than **five times** this number. _____

b. The Backwards Type

The information in these questions is dealt with in reverse order, i.e. in a 'backwards' fashion.

Example: If 9 is added, 4 is subtracted and the answer is 20.

− 9 (Subtract 9)   + 4 (Add 4)   ⟵——— **Start here**

If **9 is added**, **4 is subtracted** and the answer is (20)

The sum can be written as: (20 + 4) − 9 = 15

Answer: **15**

Exercise 1: 17b What is the original number: Score ☐

6) If **12** is added, **5** is subtracted and the answer is **50**? ____
7) If it is **doubled**, **6** is subtracted and the answer is **24**? ____
8) If **5** is subtracted, **15** is added and the answer is **63**? ____
9) If it is **trebled**, **9** is added and the answer is **72**? ____
10) If **16** is added, then divided by **3** and the answer is **51**? ____

c. Smaller-Larger Type (Add/Subtract)

The inverse operation is indicated by 'smaller' or 'larger'.
If it says it is **smaller** - make it **larger** - **add**.
If it says it is **larger** - make it **smaller** - **subtract**.

Example: ⎡**9** is smaller than this number by **15**.⎤

It says it is **smaller** so make it **larger** and **add**.
The sum can be written as: **9 + 15 = 24**
Answer: **24**

Exercise 1: 18a Solve the following:
1) **14** is larger than this number by **9**. _____
2) **30** is smaller than this number by **18**. _____
3) **97** is larger than this number by **43**. _____
4) **125** is smaller than this number by **64**. _____
5) **224** is larger than this number by **83**. _____

d. Smaller-Larger Type (Multiply/Divide)

The inverse operation in these questions is still indicated by the words 'smaller' or 'larger'. However, if the word **'times'** is included it is a multiply or divide type.

Smaller and **times** means make it **larger** - **multiply**.
Larger and **times** means make it **smaller** - **divide**.

© 2006 Stephen Curran

Example: 7 is 9 times smaller than this number.
It says **smaller** and **times** so make it **larger** - **multiply**.
The sum can be written as: $7 \times 9 = 63$
Answer: **63**

Exercise 1: 18b   Solve the following:

6) **250** is **5 times** larger than this number. _____
7) **12** is **8 times** smaller than this number. _____
8) **216** is **9 times** larger than this number. _____
9) **5** is **7 times** smaller than this number. _____
10) **56** is **7 times** larger than this number. _____

Score

9. More Number Problems

Exercise 1: 19   Answer the following: Score

1) ☐ 2 8 0
   5 3 ☐ 8 −
   ─────────
   1 ☐ 8 ☐

2) 32 ⟌ 5 5 4 3

3) **560 × 10,000 =** _____

4)   2 5 4 3
       6 8 ×
   ─────────
   ─ ─ ─ ─ ─ ─

   ─────────

5) Add **23** to **41**, then subtract **8**. Divide by **4**. _____

6) **13** is **14 times** smaller than this number. _____

7)   4 0 1 3
     3 8 4 6 −
   ─────────

8)   7 6 8 9
     7 9 7 6 +
   ─────────

9) **19** is **11** less than **one third** of this number. _____

10) What number when divided by **12** has an answer of **11** remainder **7**? (Multiply/add.) _____

Chapter Two
NUMBER RELATIONSHIPS
1. *Magic Squares*

Magic Squares add up to the same amount horizontally and vertically, and sometimes diagonally as well.

Example: Find the value of **A** in this magic square. It adds up to **20** horizontally and vertically (not diagonally).

10		8
A		9
	11	

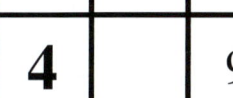

To find **A**, start with 8 and 9.
8 + 9 = **17**
20 – **17** = **3**
Completing the square.
11 + 3 = **14**
20 – **14** = **6**
10 + 6 = 16
20 – **16** = **4** **A = 4**

20 ↑	10		8	Start here
A =	**4**		9	↓
20←	**6**	11	**3**	
		←	↓ 20	

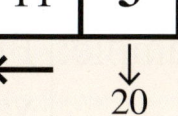

Note: Always check rows and columns first, then diagonals.

Exercise 2: 1 Find the missing amounts:

1) A = ______

8		12
A		
	3	14

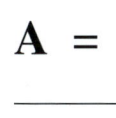

Adds up to **31** horizontally and vertically only.

2) A = ______

9		9
16	**A**	
	15	

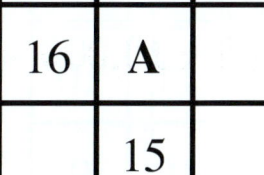

Adds up to **28** horizontally and vertically only.

© 2006 Stephen Curran

3-4)

A = ______

B = ______

A		18
B		
16	20	15

Adds up to **51** in all directions.

5-6)

A = ______

B = ______

15	20	13
14		**B**
	A	

Adds up to **48** in all directions.

7-8)

A = ______

B = ______

12	8	13
	11	
B		**A**

Adds up to **33** in all directions.

9-10)

A = ______

B = ______

50		90
100		**A**
30	**B**	

Adds up to **180** in all directions.

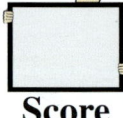

Score

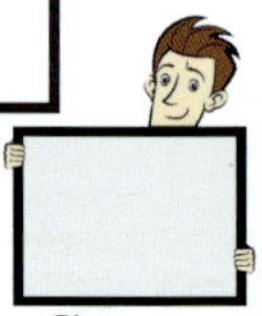

2. Addition Squares

Addition Squares have two sections. The sums section is grey (numbers to be added) and the answers section is white (answers to addition sums).

Example: Find the value of **A** and **B**.

+	7	**B**
4	11	10
3	**A**	9

There are two missing numbers in this addition square.

+	7	**B**
4	11	10
3	**10**	9

(**Add** the horizontal and vertical numbers to find an addition answer - white squares.)

3 + 7 = **10**

A = 10

+	7	**6**
4	11	10
3	**10**	9

(Reverse the operation to **minus** to find a number to be added - grey squares.)

10 – 4 = **6**

B = 6

© 2006 Stephen Curran

Exercise 2: 2 Find the missing amounts: Score

1-2)

A = _____

B = _____

+	4	9
6	A	15
8	12	B

3-4)

A = _____

B = _____

+	13	11
A	18	16
B	17	15

5-7)

A = _____

B = _____

C = _____

+	A	B
11	18	21
13	C	23

8-10)

A = _____

B = _____

C = _____

+	4	13
A	10	19
B	12	C

3. Subtraction Squares

Subtraction Squares work the opposite way to Addition Squares. The sums section is grey (numbers to be subtracted) and the answers section is white (answers to subtraction sums).

Example: Find the value of **A** and **B**.

−	15	B
9	6	13
2	A	20

There are two missing numbers in this subtraction square.

−	15	B
9	6	13
2	**13**	20

(**Subtract** the horizontal and vertical numbers to find a subtraction answer - white squares.)

15 − 2 = **13**

A = 13

−	15	**22**
9	6	13
2	13	20

(Reverse the operation to **add** to find a number to be subtracted - grey squares.)

9 + 13 = **22**

B = 22

© 2006 Stephen Curran

Exercise 2: 3 Find the missing amounts: Score

1-2)
A = ____
B = ____

−	11	14
7	A	7
3	8	B

3-4)
A = ____
B = ____

−	10	17
A	5	12
B	7	14

5-7)
A = ____
B = ____
C = ____

−	A	B
5	7	16
12	C	9

8-10)
A = ____
B = ____
C = ____

−	10	15
A	5	10
B	1	C

4. Multiplication Squares

Multiplication Squares have two sections. The sums section is grey (numbers to be multiplied) and the answers section is white (answers to multiplication sums).

Example:

Find the value of **A** and **B**.

×	3	7	6
4	12	28	24
6	18	A	36
B	24	56	48

×	3	7	6
4	12	28	24
6	18	42	36
8	24	56	48

(**Multiply** the horizontal and vertical numbers to find an answer - white squares.)

(Reverse the operation by **dividing** to find a multiplier for one of the sums - grey squares.)

$6 \times 7 = 42$
A = 42
$24 \div 3 = 8$
B = 8

Exercise 2: 4 Find the missing amounts: Score

1-2)
A = ____
B = ____

×	7	6	3
2	14	12	6
5	35	A	15
B	70	60	30

3-4)
A = ____
B = ____

×	2	5	9
9	18	45	A
B	8	20	36
8	16	40	72

5-7)
A = ____
B = ____
C = ____

×	5	2	A
7	B	14	49
9	45	18	63
3	15	C	21

8-10)
A = ____
B = ____
C = ____

×	A	7	6
4	12	B	24
8	24	56	48
C	18	42	36

5. Division Squares

Division Squares work the opposite way to Multiplication Squares. The sums section is grey (numbers to be divided) and the answers section is white (answers to division sums).

Example:

Find the value of **A** and **B**.

÷	B	36	24
6	2	6	4
2	6	A	12
3	4	12	8

÷	12	36	24
6	2	6	4
2	6	18	12
3	4	12	8

36 ÷ 2 = **18**
A = 18
3 × 4 = **12**
B = 12

(**Divide** the horizontal and vertical numbers to find an answer - white squares.)
(Reverse the operation to **multiplication** to find a dividend for one of the sums - grey squares.)

© 2006 Stephen Curran

Exercise 2: 5 Find the missing amounts: Score

1-2)
A = _____
B = _____

÷	6	12	36
6	1	2	6
2	3	A	18
B	2	4	12

3-4)
A = _____
B = _____

÷	30	20	60
5	6	4	A
B	15	10	30
10	3	2	6

5-7)
A = _____
B = _____
C = _____

÷	24	36	A
6	B	6	12
4	6	9	18
3	8	C	24

8-10)
A = _____
B = _____
C = _____

÷	A	90	135
5	9	B	27
3	15	30	45
C	5	10	15

6. Chinese Multiplication

Chinese Multiplication is another way of multiplying. It is also called 'Napier's Bones' or Lattice Multiplication.

Example: Multiply **169** by **45**.

Step 1 - Draw a box 3 squares by 2 squares (this is a 3-digit by 2-digit sum). Draw in the diagonals and place the digits of each number across the top and down the side.

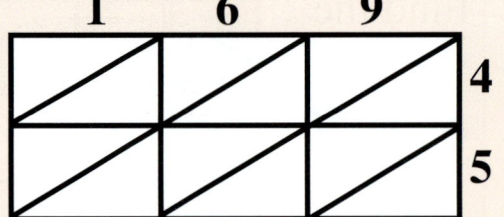

Step 2 - Multiply each pair of digits and write the answer in the two spaces created by the diagonal. The tens digit (even if a zero) goes in the top left space and the units go in the bottom right space.

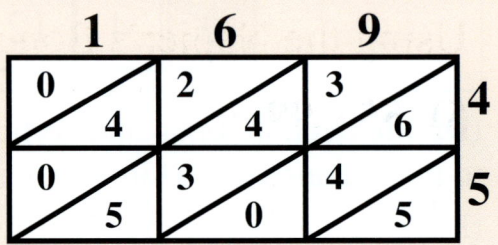

30   © 2006 Stephen Curran

Step 3 - Add up the numbers along each diagonal 'path' starting at the bottom right hand corner. Don't forget to carry (it is necessary twice here). Reading the numbers from left to right gives the final answer.

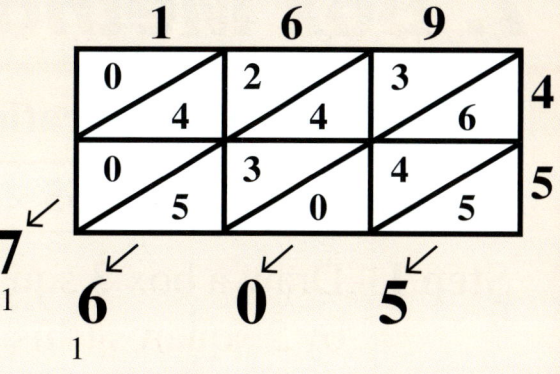

Answer: **169** × **45** = **7,605**

Exercise 2: 6   Calculate the following: Score

1) Multiply **579** and **33**.

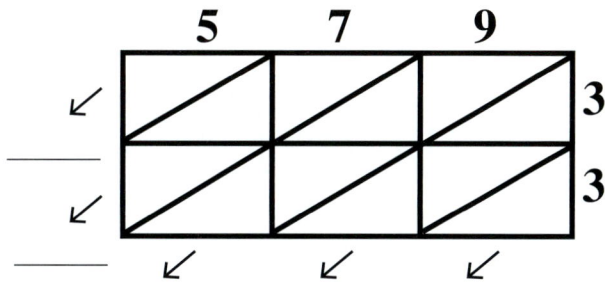

The answer is _____ .

2) Multiply **49** by **17**.

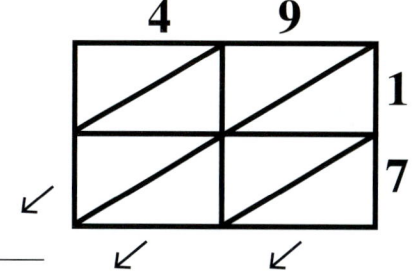

The answer is _____ .

3) Multiply **88** by **21**.

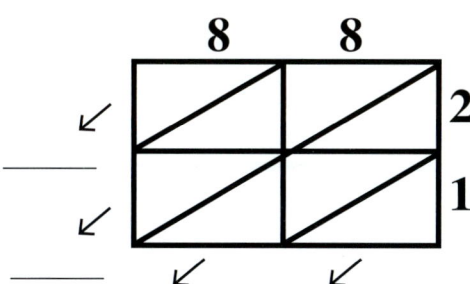

The answer is _____ .

4) Multiply **325** and **67**.

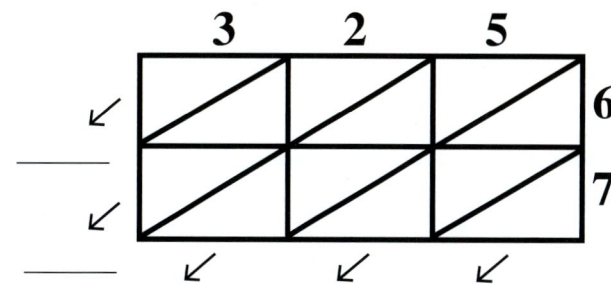

The answer is _____ .

Using the Napier's Bones method, do the following sums:

5) **55 × 99** = _____

6) **777 × 65** = _____

7) **647 × 47** = _____

8) **43 × 975** = _____

9) **219 × 89** = _____

10) **41 × 66** = _____

7. Box Method Multiplication

Box Method Multiplication is another way of multiplying.

Example: Calculate **155 × 19**.

Step 1 - Draw a box 3 squares by 2 squares (this is a 3-digit by 2-digit sum). Split the numbers into their hundreds, tens and units along the top and down the side.

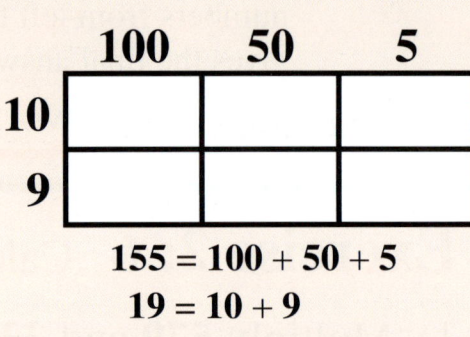

155 = 100 + 50 + 5
19 = 10 + 9

Step 2 - Complete the grid by multiplying the numbers at the top by the numbers at the side.

	100	50	5
10	1000	500	50
9	900	450	45

Step 3 - Take the numbers from the box and add them together.

```
  1 0 0 0
    5 0 0
      5 0
    9 0 0
    4 5 0
      4 5 +
  -------
  2 9 4 5
```

Answer: **2,945**

Exercise 2: 7   Calculate the following: Score

1) Multiply **342** and **21**.

	300	40	2
20			
1			

2) Multiply **39** by **15**.

	30	9
10		
5		

The answer is _____ .   The answer is _____ .

32   © 2006 Stephen Curran

3) Multiply **78** by **38**.

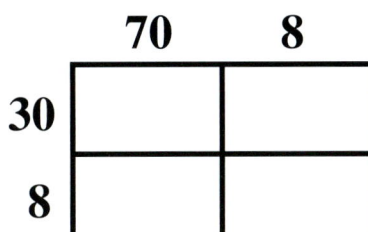

4) Multiply **524** and **53**.

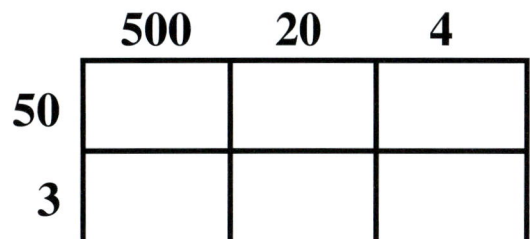

The answer is _____ .   The answer is _____ .

Do the following sums using box method multiplication:

5) **52** × **69** = _____   6) **666** × **77** = _____

7) **323** × **36** = _____   8) **23** × **765** = _____

9) **199** × **99** = _____   10) **47** × **68** = _____

8. Multiply by Repeated Addition

Long multiplication can also be done by a process of **Repeated Addition**. The sum is split into tens, fives and units and multiplied separately, then added to find the total.

Example: Calculate **47 × 179**.

Step 1 - Multiply by the tens.
(10 × 179)

Step 2 - Multiply by the fives.
(5 × 179)

Step 3 - Multiply by the ones.
(1 × 179)

```
10 × 179 = 1 7 9 0
10 × 179 = 1 7 9 0
10 × 179 = 1 7 9 0
10 × 179 = 1 7 9 0
 5 × 179 =   8 9 5
 1 × 179 =   1 7 9
 1 × 179 =   1 7 9 +
─────────────────────
47 × 179 = 8 4 1 3
```

Step 4 - Add the amounts to find the total.

Answer: **8,413**

Exercise 2: 8a Multiply using repeated addition:

1) Multiply **139** by **43**.

$10 \times 139 = 1390$
$10 \times 139 = $ _____
$10 \times 139 = $ _____
$10 \times 139 = $ _____
$1 \times 139 = $ _____
$1 \times 139 = $ _____
$1 \times 139 = $ _____ +
―――――――――――
$43 \times 139 = $ _____

2) Multiply **77** by **35**.

$10 \times 77 = 770$
$10 \times 77 = $ _____
$10 \times 77 = $ _____
$5 \times 77 = $ _____ +
―――――――――――
$35 \times 77 = $ _____

Set out the last three sums on paper in the way shown and calculate:

3) Multiply **241** by **44**.
= _____

4) Multiply **324** by **38**.
= _____

5) Multiply **412** by **59**.
= _____

9. Divide by Repeated Subtraction

Long division can also be done by a process of **Repeated Subtraction**.

Example: Calculate **1,189 ÷ 47**.

Step 1 - Multiply: **10 × 47** is **470**, which is not as big as **1,189** so subtract **470**.

Step 2 - Repeat the multiplication and take away **470** again.

Step 3 - Multiply: **5 × 47** is **235**, which is smaller than **249** so minus **235**.

```
                    1 1 8 9
     10 × 47  =     4 7 0  −
                  ―――――――
                      7 1 9
     10 × 47  =     4 7 0  −
                  ―――――――
                      2 4 9
    + 5 × 47  =     2 3 5  −
                  ―――――――
    Ans. 25         rem. 1 4
```

Step 4 - Add the number of times **47** has been multiplied (**25×**) and do the final subtraction to find the remainder (**14**).

Answer: **25 r. 14**

34   © 2006 Stephen Curran

Exercise 2: 8b Divide by repeated subtraction:  Score

6) Divide **557** by **29**.

```
              5 5 7
10 × 29  =   2 9 0  −
             ─────
             
 5 × 29  =   1 4 5  −
             ─────
             
+4 × 29  =   1 1 6  −
             ─────
         Rem. ____
```

7) Divide **783** by **45**.

```
              7 8 3
10 × 45  =   4 5 0  −
             ─────
             
 5 × 45  =   2 2 5  −
             ─────
             
+2 × 45  =     9 0  −
             ─────
         Rem. ____
```

Set out these three sums on paper and calculate:

8) **783 ÷ 67**

= _____

9) **1,095 ÷ 55**

= _____

10) **899 ÷ 38**

= _____

10. Approximating Numbers

Approximate means 'near enough'. It is a rough guide.
Example: $\boxed{9 \times 98}$ when calculated comes to **882** exactly.
For 'easy numbers', make the **98** into **100**.
9×100 would give an approximate answer of **900**.

Round numbers give a 'near enough' answer by taking the number up or down to the nearest **power of ten**.

To the nearest 10.   432 would be   → 430
To the nearest 100.   167 would be   → 200
To the nearest 1,000.   3,400 would be → 3,000

A number of **5 or more rounds up**; **4 or less rounds down**. Example: **25** would round up to **30** (nearest ten).

Exercise 2: 9 Round these numbers to the:  Score

Nearest 10.   Nearest 100.   Nearest 1,000.

1) **26** _____   3) **348** _____   5) **2,500** _____

2) **555** _____   4) **177** _____   6) **6,366** _____

© 2006 Stephen Curran

Approximate these sums (≈ means 'nearly equal to'):
7) **21 + 68** ≈ _____
8) **5 × 29** ≈ _____
9) **303 − 148** ≈ _____
10) **605 ÷ 21** ≈ _____

11. Odd and Even Numbers

An **Even Number** is any number that can be divided by **2**.
Even numbers - **2, 4, 6, 8, 10, 12, 14, 16, 18**, etc.
All even numbers end with **0, 2, 4, 6** or **8**.

An **Odd Number** is any number that cannot be divided by **2**.
Odd numbers - **1, 3, 5, 7, 9, 11, 13, 15, 17, 19**, etc.
All odd numbers end with **1, 3, 5, 7** or **9**.

Exercise 2: 10 Write odd or even by each number:
1) **27** _____   2) **82** _____   3) **999** _____   4) **866** _____
5) **497** _____   6) **77** _____   7) **800** _____   8) **54** _____
9) List the numbers from above that are divisible by **2**:
_____ _____ _____ _____
10) **1,989** does/does not divide by **2** - underline.   Score

12. Squares
a. Square Numbers

A **Square Number** is a number multiplied by itself.
It is based on the shape of a square.

Example: What is 3^2?

The symbol ^{2} means 'to the power of 2'.
3^2 means $3 × 3$ which is **9**.
          Answer: **9**

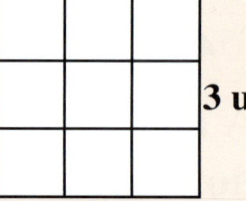
3 units
3 units
$3^2 = 3 × 3 = 9$

Exercise 2: 11 Write the square of the following:
1) 4^2 = ____   2) 7^2 = ____   3) 9^2 = ____
4) 12^2 = ____   5) 6^2 = ____   6) 16^2 = ____

7) 15^2 = ____   8) 17^2 = ____
9) 25^2 = ____   10) 18^2 = ____

Score

b. Square Roots

A **Square Root** is the number a square has come from.

Example: What is the square root of **9**? $3^2 = 3 \times 3 = 9$

Hence **3** is the square root of **9**. It is the inverse operation.

Square ⟷ Square Root   Square root is written $\sqrt{}$

Answer: $\sqrt{9} = 3$ (The square root of **9** is **3**.)

Exercise 2: 12 Write the square roots of the following:

1) $\sqrt{4}$ = ____   2) $\sqrt{25}$ = ____
3) $\sqrt{100}$ = ____   4) $\sqrt{16}$ = ____
5) $\sqrt{36}$ = ____   6) $\sqrt{64}$ = ____
7) $\sqrt{49}$ = ____   8) $\sqrt{121}$ = ____
9) $\sqrt{81}$ = ____   10) $\sqrt{144}$ = ____

Score

13. Cubes

a. Cube Numbers

A **Cube Number** is a number multiplied by itself twice. It is based on the shape of a cube.

Example: What is 3^3?

3 cubed (3^3) = $3 \times 3 \times 3$ = 27   3 units

To cube means to raise a number 'to the power of 3'.

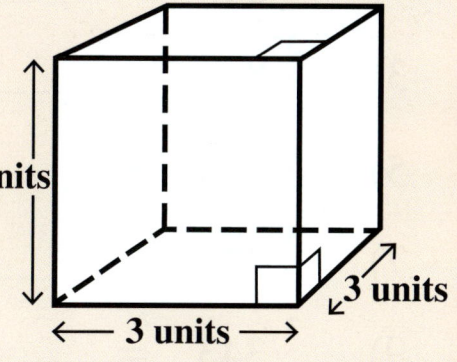

3 units

⟵ 3 units ⟶

Answer: **27**

© 2006 Stephen Curran

37

Exercise 2: 13 Write the cubes of the following:

1) 2^3 = _____
2) 4^3 = _____
3) 6^3 = _____
4) 7^3 = _____
5) 5^3 = _____
6) 9^3 = _____
7) 10^3 = _____
8) 8^3 = _____
9) 12^3 = _____
10) 11^3 = _____

Score

b. Cube Roots

A **Cube Root** is the number a cube has come from.

Example: What is the cube root of **27**?

$3^3 = 3 \times 3 \times 3 = 27$ so **3** is the cube root of **27**.

Cube ⟷ Cube Root   A cube root is written as $\sqrt[3]{}$

Answer: $\sqrt[3]{27} = 3$ (The cube root of **27** is **3**.)

Exercise 2: 14 Write the cube roots of the following. (Use the table on the next page for help.)

Score

1) $\sqrt[3]{64}$ = _____
2) $\sqrt[3]{125}$ = _____
3) $\sqrt[3]{8}$ = _____
4) $\sqrt[3]{512}$ = _____
5) $\sqrt[3]{216}$ = _____
6) $\sqrt[3]{1000}$ = _____
7) $\sqrt[3]{27}$ = _____
8) $\sqrt[3]{729}$ = _____
9) $\sqrt[3]{343}$ = _____
10) $\sqrt[3]{1331}$ = _____

© 2006 Stephen Curran

Be familiar with square and cube numbers.

Root	Square	Root	Square	Root	Cube
1	1	11	121	1	1
2	4	12	144	2	8
3	9	13	169	3	27
4	16	14	196	4	64
5	25	15	225	5	125
6	36	16	256	6	216
7	49	17	289	7	343
8	64	18	324	8	512
9	81	19	361	9	729
10	100	20	400	10	1000

14. Indices

The power of a number is also called the **Index**.
If there are more than one they are termed **Indices**.
A number can be to any power or index.

Example: What is **2** to the power of **5** (2^5)?

2^5 (**2** to the power of **5**) is **2** multiplied by itself **4** times.

$$2^5 = 2 \times \underset{\text{Once}}{2} \times \underset{\text{Twice}}{2} \times \underset{\text{3 times}}{2} \times \underset{\text{4 times}}{2} = 32$$

with intermediate products 4, 8, 16, 32.

Answer: $2^5 = 32$

Exercise 2: 15   Write the value of the following:

1) 2^4 = _____   2) 1^5 = _____

3) 3^4 = _____   4) 5^4 = _____

5) 3^6 = _____   6) 2^6 = _____

7) 3^5 = _____   8) 4^5 = _____

9) 5^5 = _____   10) 4^4 = _____

Score

15. Prime Numbers

A **Prime Number** has only two factors (**itself** and **1**). It is a number which will not divide by anything else but **itself** and **1**.

- The first ten prime numbers are:

    2, 3, 5, 7, 11, 13, 17, 19, 23 and **29**

- All prime numbers, except **2**, are odd.
- **1** is not a prime number (it has only one factor - itself).
- Prime numbers do not appear in any other times tables.
- Prime numbers usually end in **1, 3, 7** or **9**.

Example: What are the prime numbers between **1** and **9**?

1, **2**, **3**, 4, **5**, 6, **7**, 8, 9

Factors (1, 2) (1, 3) (1, 5)   (1, 7)

2, 3, 5 and **7** are prime numbers.

Each number is only divisible by **itself** and **1**.

Answer: **2, 3, 5** and **7**

Exercise 2: 16

Write whether the following numbers are prime or not prime:

1) **12** is _____
2) **17** is _____
3) **15** is _____
4) **23** is _____
5) **19** is _____
6) **27** is _____
7) **43** is _____
8) **32** is _____
9) **13** is _____
10) **45** is _____

16. Rectangular Numbers

Rectangular Numbers are based on the times tables. Every times tables calculation can be represented as a rectangle or a square.
- All even numbers except **2** are rectangular.
- Prime numbers are never rectangular.
- The first six rectangular numbers are: **4, 6, 8, 9, 10, 12**
- Square numbers are also classed as rectangular numbers.

Example: Is **6** a rectangular number?

As shown by the grid, **6** is a rectangular number because $3 \times 2 = 6$ forms a rectangle.

$3 \times 2 = 6$ 2 units / 3 units

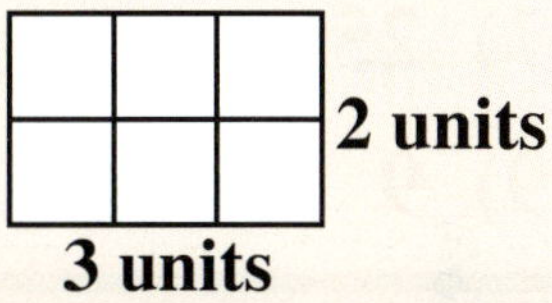

Answer: **6** is a rectangular number.

Exercise 2: 17 Are the following numbers rectangular?

1) **15** yes/no
2) **17** yes/no
3) **25** yes/no
4) **20** yes/no
5) **50** yes/no
6) **36** yes/no

What rectangular numbers do the following make?

7) **6** and **4** = ____
8) **5** and **9** = ____
9) **9** and **8** = ____
10) **6** and **2** = ____

17. Triangular Numbers

Triangular Numbers are based on a triangular pattern.

Example: What are the first 4 triangular numbers?

1   **3**   **6**   **10**

Start with 1   Add 2   Add 3   Add 4

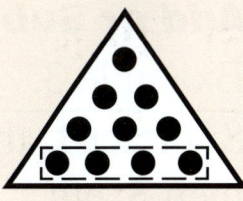

© 2006 Stephen Curran

For the fifth triangular number add **5** and so on.

1 $^{+2}$ **3** $^{+3}$ **6** $^{+4}$ **10** $^{+5}$ **15** $^{+6}$ etc.

Exercise 2: 18   Write the following triangular numbers: Score

1) The **5th** is _____ .   2) The **8th** is _____ .
3) The **7th** is _____ .   4) The **10th** is _____ .
5) The **9th** is _____ .   6) The **6th** is _____ .

Add two triangular numbers to make the following:

7) **25** = ___ + ___   8) **16** = ___ + ___
9) **9** = ___ + ___   10) **31** = ___ + ___

18. Number Sequences

Number Sequences are series of numbers connected by rules, which create patterns.

Add or Subtract the Same Number

Example 1:

Add **2** to the previous number.

$^{+2}$ $^{+2}$ $^{+2}$ $^{+2}$ $^{+2}$
3, 5, 7, 9, 11, 13

The next term will be **15**.

Add the Previous Two Terms

Example 2:

Add the two previous terms to get the next.

2 + 4   4 + 6   6 + 10   10 + 16
2, 4, 6, 10, 16, 26

The next term will be **42**.

Add or Subtract a Changing Number

Example 3:

Subtract **1**, then **2**, then **3**, etc.

$^{-1}$ $^{-2}$ $^{-3}$ $^{-4}$
28, 27, 25, 22, 18

The next term will be **13**.

Multiply or Divide by the Same Number

Example 4:

Multiply the previous number by **2**.

$\overset{\times 2}{3,} \overset{\times 2}{6,} \overset{\times 2}{12,} \overset{\times 2}{24,} 48$

The next term will be **96**.

Multiply or Divide by a Changing Number

Example 5:

Divide by **5**, then by **4**, then by **5**, etc.

$\overset{\div 5}{6{,}000,} \overset{\div 4}{1{,}200,} \overset{\div 5}{300,} 60$

The next term will be **15**.

Number sequences come in many forms - watch out for:
- Combined operations, e.g. multiply by **3**, then add **2**, etc.
- Square and cube numbers, e.g. **4**, **9**, **16**, **25**, **36**, etc.

Exercise 2: 19a   Write in the missing numbers:

1) **55, 46, 37, 28, __ , __**
2) **2, 6, 18, __ , __**
3) **5, 11, 17, 23, __ , __**
4) **0, 2, 6, __ , 20, __**
5) **8, 27, 64, __ , __**
6) **3, 4, 2, 5, 1, __ , __**

Number sequences can be made using diagrams.

Example: What sequence does this pattern make?

Count the sides. The gap between them increases by **3** each time.

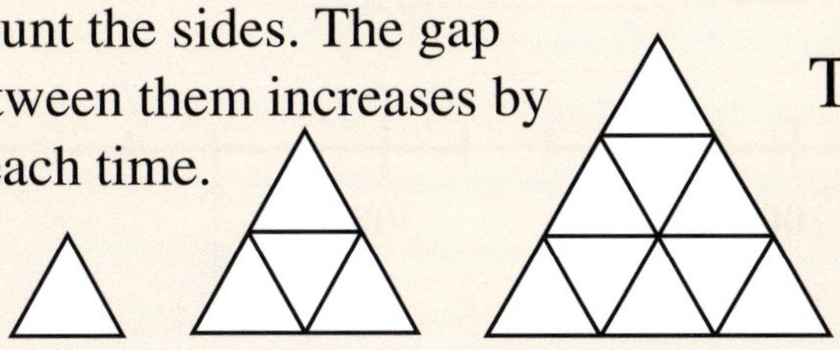

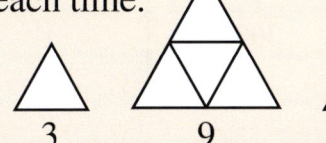

3   9   18

The pattern is $\overset{+6}{3,} \overset{+9}{9,} 18$

The next three numbers:

$\overset{+6}{3,} \overset{+9}{9,} \overset{+12}{18,} \overset{+15}{30,} \overset{+18}{45,} 63$

Exercise 2: 19b   Write the next two numbers:

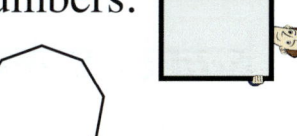

7) 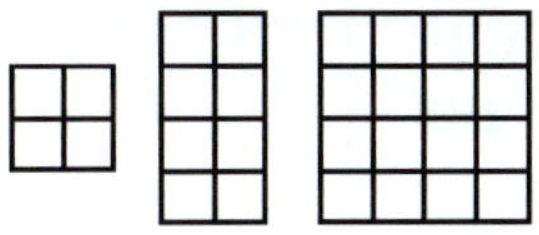   __ , __

8)    __ , __

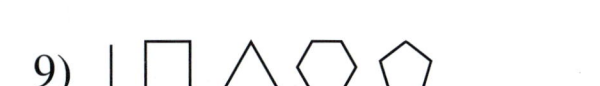

9)   __ , __

10) 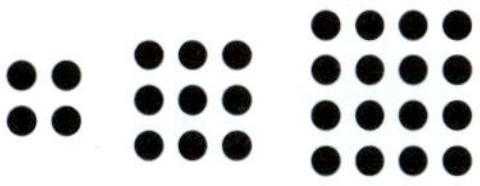   __ , __

19. Number Lines

Numbers are sometimes shown on a **Number Line**. Missing numbers are found by examining the given sequence.

Example: What are the missing numbers on this number line?

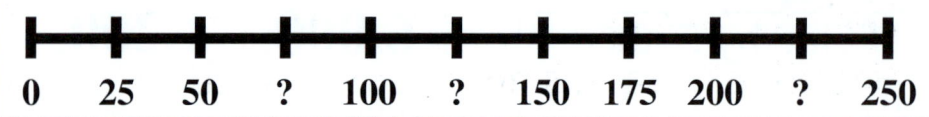

| 0 | 25 | 50 | ? | 100 | ? | 150 | 175 | 200 | ? | 250 |

The sequence rises by **25** each time.

Answer: **75**, **125** and **225**

Exercise 2: 20 What are the missing numbers?

| 0 | 20 | ? | 60 | 80 | 100 | 120 | ? | 160 | 180 | 200 |

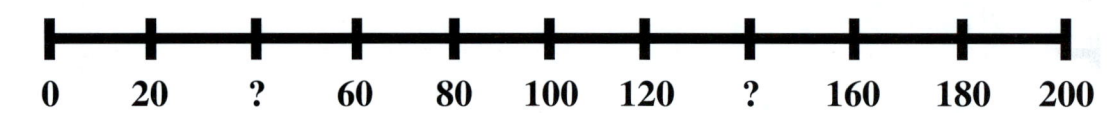

1-2) The missing numbers are: _____ _____

| 0 | 50 | ? | 150 | 200 | 250 | 300 | ? | 400 | 450 | 500 |

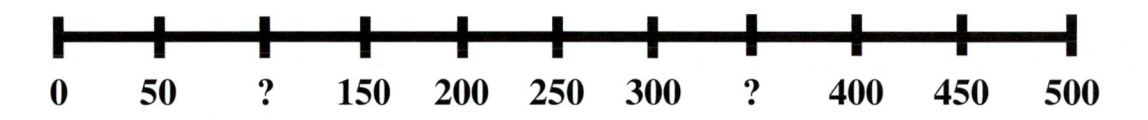

3-4) The missing numbers are: _____ _____

| 0 | ?↑ | 100 | ?↑ | 200 | | 300 | ?↑ | 400 |

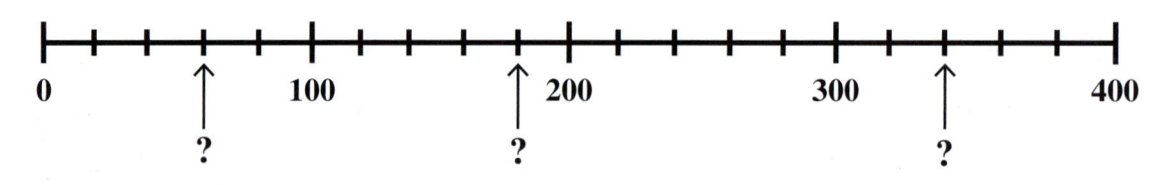

5-7) The missing numbers are: _____ _____ _____

| 0 | ?↑ | 35 | ?↑ | 70 | | 105 | ?↑ | 140 |

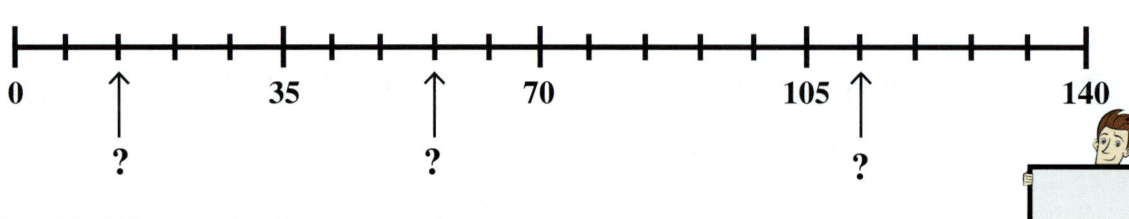

8-10) The missing numbers are: _____ _____ _____

Score

20. Positive & Negative Numbers

Whole numbers (**integers**) can be **Positive** or **Negative**. Positive and negative numbers are also known as Directed Numbers and can be represented on a **number line** (known as an **integer line** if it shows whole numbers only).

Positive (+ plus numbers) 1, 17, 63
Negative (– minus numbers) -5, -10, -23

The signs (+ & –) show the **direction** of the numbers.

Remember to count the gaps on the integer line and not the digits, including the gaps either side of the zero.

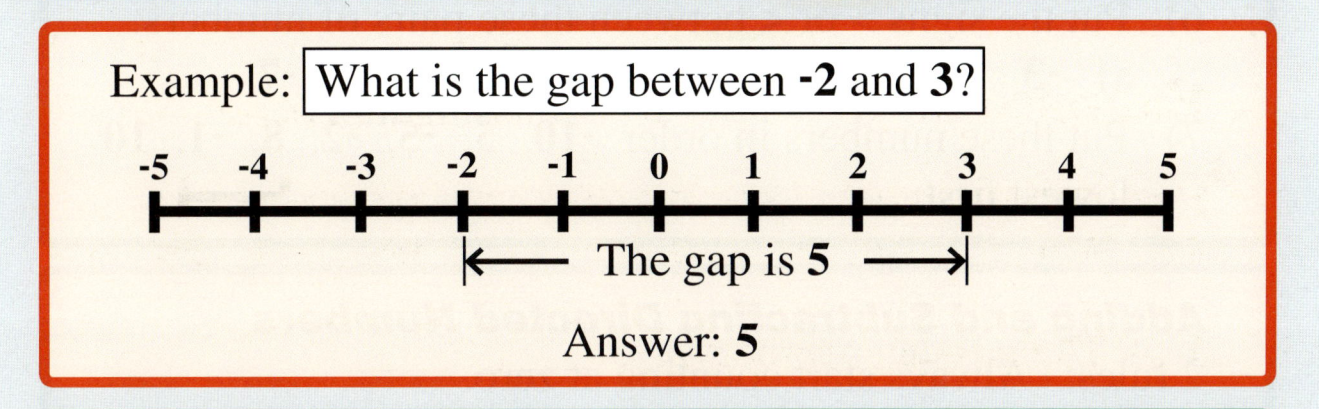

Example: What is the gap between -2 and 3?

-5 -4 -3 -2 -1 0 1 2 3 4 5

← The gap is 5 →

Answer: **5**

Exercise 2: 21a Use the integer line for the following.

Write the gap between: 1) **-5** and **4**. ___ 2) **2** and **-1**. ___

3) On a winter evening the temperature was **7°C**. It fell by **8°C**. What is the new temperature? ___

4) The temperature in Scotland fell by **5°C** overnight. It started out as **zero°C**. What was the new temperature by morning? ___

5) What is the difference in temperature between **-3°C** and **7°C**? ___

Numbers to the **right** are **bigger** and to the **left** are **smaller**.

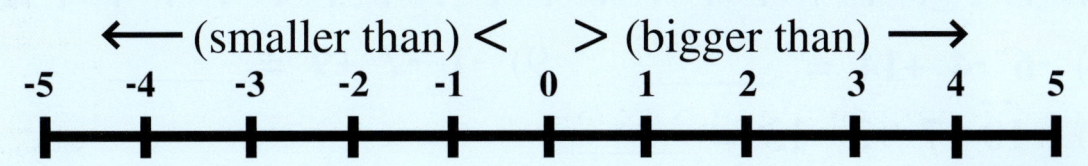

← (smaller than) <   > (bigger than) →

-5 -4 -3 -2 -1 0 1 2 3 4 5

The signs < (smaller than) and > (bigger than) show the relationship between two numbers.

An easy rule: 'The mouth of the crocodile (open end) always swallows the biggest number'.

Examples: Use < or > between these numbers.

1 > -2   -5 < 5   -1 > -4   -3 < 0

Exercise 2: 21b   Answer the following:

6) Put the signs > or < between these pairs of numbers:
   a) -3   2   b) -8   10   c) 2   -7
7) Put these numbers in order -10, 5, -5, -2, 8, -1, 10 lowest first: ___ ___ ___ ___ ___ ___ ___

Adding and Subtracting Directed Numbers

2 rules: • Always start counting at zero.
• Count **right** for positive/**left** for negative numbers.

Example: Work out +2 -3 -1   +2 -3 -1 = -2

Answer: -2

Exercise 2: 21c Calculate the following: Score

8) -6 -4 +14 = ___   9) -1 -7 +9 = ___
10) +10 -7 +3 -13 = ___

21. Factors
a. What is a Factor?

Factors are numbers that divide exactly into one number (or more) without remainders.

Example: What are the factors of **24**?
To find the factors of **24**, multiply **1** by **24** then **2** by **12**, etc.
  1 × 24;   **2 × 12**;   **3 × 8**;   **4 × 6**
24 cannot be divided by **5** and **6 × 4** is the same as **4 × 6**. Therefore, these are all the numbers that divide into **24**.
Answer: **1, 2, 3, 4, 6, 8, 12, 24**

Exercise 2: 22 Find the factors of the following numbers:

1) **45** _____   2) **20** _____
3) **15** _____   4) **13** _____
5) **18** _____   6) **26** _____
7) **25** _____   8) **30** _____
9) **50** _____   10) **48** _____

Score

b. Common Factors

Numbers often share factors common to each other.

Example: Give the common factors of **12** and **18**.
|12| **1, 2, 3, 4, 6, 12**
|18| **1, 2, 3, 6, 9, 18**

The common factors of **12** and **18** are **1, 2, 3** and **6**.

Exercise 2: 23a Underline the common factors of:

1) **6** and **12** (2, 3, 4, 6, 12)   2) **16** and **24** (1, 2, 3, 4, 6, 8)
3) **36** and **42** (3, 6, 7, 12)   4) **15** and **30** (2, 3, 5, 10, 15)

© 2006 Stephen Curran

c. Highest Common Factors (HCF)

A **Highest Common Factor** (HCF) is the highest number that divides exactly into two (or more) other numbers.

Example: What is the HCF of **9**, **27** and **36**?

9 - 1, 3, **9**
27 - 1, 3, **9**, 27
36 - 1, 2, 3, 4, 6, **9**, 12, 18, 36

The highest common factor (HCF) is **9**.

Exercise 2: 23b Find the HCF of the following:

5) **16**, **25** and **36** _____
6) **14** and **21** _____
7) **12**, **20** and **32** _____
8) **56** and **72** _____
9) **28**, **36** and **56** _____
10) **24** and **36** _____

d. Prime Factors

A **Prime Factor** is a prime number that divides into another number exactly.

Example: Express **2** and **3** as prime factors of **24**.

2 and **3** are both prime factors of **24** because they are prime numbers and divide into **24**.

24 is expressed as a product of its prime factors by using indices.

$2 \times 2 \times 2 \times 3$
$2^3 \times 3 = 24$

Exercise 2: 24 Write the prime factors of the following:

1) **10** = _____
2) **15** = _____
3) **20** = _____
4) **14** = _____
5) **26** = _____
6) **12** = _____

Write the missing prime factor: Score

7) $2^2 \times$ ____ $= 12$ 8) $3^2 \times$ ____ $= 18$

9) $2^3 \times$ ____ $= 40$ 10) $5^2 \times$ ____ $= 50$

22. Multiples
a. What is a Multiple?

A **Multiple** is any number in the times table of a number. For example, multiples of **5** would be: **5, 10, 15, 20, 25**, etc.

Exercise 2: 25 Write the next five multiples: Score

1) **7** ___ ___ ___ ___ ___   2) **8** ___ ___ ___ ___ ___

3) **15** ___ ___ ___ ___ ___   4) **9** ___ ___ ___ ___ ___

5) **16** ___ ___ ___ ___ ___   6) **14** ___ ___ ___ ___ ___

7) **12** ___ ___ ___ ___ ___   8) **6** ___ ___ ___ ___ ___

9) **13** ___ ___ ___ ___ ___   10) **11** ___ ___ ___ ___ ___

b. Common Multiples

Numbers often share multiples common to each other.

Example: Give two common multiples of **4** and **6**.

4 4, 8, **12**, 16, 20, **24**   **12** and **24** are common multiples as both numbers divide by **4** and **6**.

6 6, **12**, 18, **24**

Exercise 2: 26a Underline the common multiples of:

1) **3** and **4** (12, 15, 18, 21, 24)   2) **4** and **6** (36, 42, 48, 54)

3) **3** and **6** (9, 12, 15, 18)   4) **6** and **8** (12, 16, 24, 32, 48)

© 2006 Stephen Curran

c. Lowest Common Multiples (LCM)

> The **Lowest (Least) Common Multiple** of two (or more) numbers is the smallest possible number into which all of them will divide.

Example: Give the LCM of **3**, **4** and **8**.

The lowest number that all three of these numbers will divide into is **24**.

3 3, 6, 9, 12, 15, 18, 21, **24**
4 4, 8, 12, 16, 20, **24**
8 8, 16, **24**

Written questions also use LCM.

Example: What is the smallest number of roses that can be arranged in bunches of either **3**, **6** or **9**?

Answer: **18** roses

Exercise 2: 26b What is the LCM of: Score ☐

5) **6** and **8** ___   6) **9** and **12** ___   7) **8**, **9** and **12** ___
8) **6** and **7** ___   9) **7**, **8** and **14** ___   10) **11** and **12** ___

23. Applied Number Problems

Number Problems require the use of: $+ - \times \div$

Example: A forest has **17** oak trees, **twice** as many beech trees and **five times** as many ash trees. How many trees are there?

$2 \times 17 =$ $5 \times 17 =$
17 oak trees + **34** beech trees + **85** ash trees = **136** trees

Answer: **136**

Exercise 2: 27 Calculate the following:

1) An aeroplane has **150** seats. It leaves for New York from London with **35** Americans and **62** Britons. How many spare seats are there? _____ (Add and subtract.)

50   © 2006 Stephen Curran

2) There are **250** children at Atwood School. **153** children have school meals and the others have packed lunches. How many do not have school meals? _____ (Subtract.)

3) Suitcases are being loaded into **5** coaches. Each coach can only hold **32** suitcases. There are **163** suitcases. Will there be enough room? Yes or no? _____ (Multiply.)

4) A shelf holds **42** books. How many shelves will be needed to house **294** books? _____ (Divide.)

5) In a cinema there are **13** rows of **22** seats on one side and **14** rows of **20** seats on the other side. How many seats in the cinema are there altogether? _____ (Multiply and add.)

6) A bus without passengers leaves the depot. At the first stop **5** passengers get on. At the second stop **15** get on and **3** get off. At the third stop **8** get on and **5** get off. How many passengers are now on the bus?
_____ (Add and subtract.)

7) A caretaker looks after **23** classrooms in a school. He employs **3** cleaners who clean **7** classrooms each. How many classrooms does he clean himself? _____ (Multiply and subtract.)

8) In 1996, **65** children passed their cycle proficiency test.
In 1997, **twice** as many passed as in 1996.
In 1998, **three times** as many passed as in 1997.
How many children passed in 1998? _____ (Multiply.)

9) School text books are being ordered. Each class needs **30** books. There are **7** classes in the school. How many books will need to be ordered? _____ (Multiply.)

10) On school sports day all the children are divided into **6** teams. There are **330** children. How many children will there be in each team? _____ (Divide.)

Score

24. Roman Numerals

Roman Numerals are a useful alternative counting system. They are based on the symbols below:

$$I = 1, \quad V = 5, \quad X = 10, \quad L = 50,$$
$$C = 100, \quad D = 500, \quad M = 1{,}000$$

These symbols are combined to represent numbers. The numbers from **1** to **10** are listed below:

I	II	III	IV	V	VI	VII	VIII	IX	X
1	2	3	4	5	6	7	8	9	10

When a symbol appears after a larger symbol it is added. When a symbol appears before a larger symbol it is subtracted. **4** and **9** are made by subtracting from **5** and **10**.

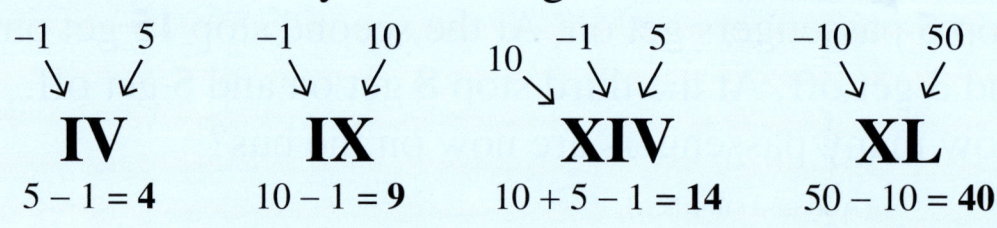

IV → 5 − 1 = **4**

IX → 10 − 1 = **9**

XIV → 10 + 5 − 1 = **14**

XL → 50 − 10 = **40**

Example: Show how **1,500**, **1,750** and **2,664** are written.

MD = 1,500

MDCCL = 1,750

MMDCLXIV = 2,664

Exercise 2: 28   Convert to denary: Score ____

1) XXIV ____   2) CCXC ____   3) CDIX ____

4) DXXVI ____   5) MIX ____   6) DCCXL ____

7) MCCCXXI ____   8) MDCCCLIV ____

9) MMCLV ____   10) CMLVIII ____

Exercise 2: 29   Convert to Roman numerals:

1) **33** _____   2) **67** _____

3) **478** _____   4) **99** _____

5) **242** _____   6) **529** _____

7) **784** _____   8) **1,444** _____

9) **2,498** _____

10) **3,959** _____   Score

25. Number Relationship Problems

Exercise 2: 30   Answer the following: Score

1) a) A = _____   B = _____

13	20	15
18	B	
A		14

b) A = _____   B = _____

39	24	27
	B	A
		21

2) a) 14^2 = _____   b) 2^7 = _____   c) 6^4 = _____

d) What is the square root of **169**? _____

3) a) Write the first five rectangular numbers.
   _____ _____ _____ _____ _____

b) Which of these numbers are triangular? ___ ___

c) Add the prime numbers between **4** and **12**. _____

© 2006 Stephen Curran

d) What rectangular number does this dot pattern represent? _____

4) Write the next two numbers in the series:
   a) **1, 4, 9, 16,** ___ , ___   b) **15, 30,** ___ , **63,** ___

5) a) What is the gap between **-3** and **4**? _____

Work out: b) **+4 -5 -2** _____   c) **-3 +4 -1** _____

```
-5  -4  -3  -2  -1  0  1  2  3  4  5
├───┼───┼───┼───┼───┼──┼──┼──┼──┼──┤
```

6) a) Write all the factors of **64**. _____

   b) What is the highest common factor (HCF) of:
      36, 54 and **72**? _____

   c) What are the prime factors of **30**? _____

   d) **3²** is a prime factor of **63**. What is the other prime factor? _____

7) What is the lowest common multiple (LCM) of:
   a) **3, 5** and **4**? ____   b) **7, 8** and **12**? ____
   c) **5, 7** and **10**? ____

8) A crate holds **10** bottles. Crates are packed in containers of **6**. How many bottles are packed in **8** containers? _____

9) How many glasses of cola can be filled from **126 one** litre bottles if each bottle holds **6** glasses? _____

10) How many seats are there in a cinema that has **25** rows of **17** seats each side of the centre aisle? _____

Chapter Three
DECIMALS
1. Tens Number System

The **Tens Number System** can be extended to numbers smaller than a unit, such as tenths, hundredths, thousandths, etc. These are called **Decimals**.

Numbers can be displayed on a **Decimal Table** (shown below) to help determine place value.

Whole number ←⋮→ Less than a whole one

Th	H	T	U	t	h	th
4	6	7	1.	5	9	3

The **Decimal Point** separates the whole numbers from the decimal fractions.

Key
Th - Thousands
H - Hundreds
T - Tens
U - Units
t - tenths
h - hundredths
th - thousandths

This number has been written to three **Decimal Places**.

4671.593
↗ 3 thousandths
↖ 9 hundredths
5 tenths
Whole number

Study the table to see how units, tenths, hundredths and thousandths are written.

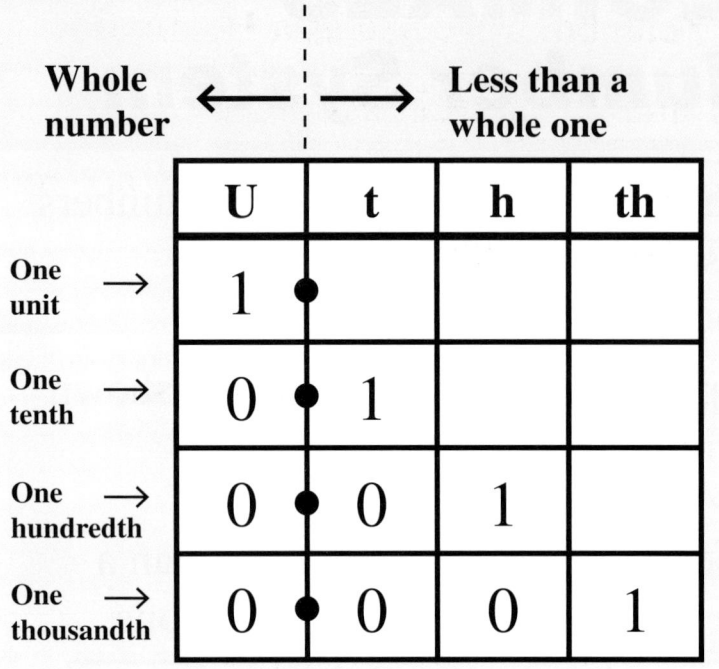

	Whole number ←→		Less than a whole one	
	U	t	h	th
One unit →	1			
One tenth →	0	1		
One hundredth →	0	0	1	
One thousandth →	0	0	0	1

Going from **left** to **right** each column is **ten times** smaller than the previous.

e.g.

→ $1 \div 10 = \frac{1}{10}$

→ $\frac{1}{10} \div 10 = \frac{1}{100}$

→ $\frac{1}{100} \div 10 = \frac{1}{1000}$

This diagram compares the size of a unit, a tenth and a hundredth.

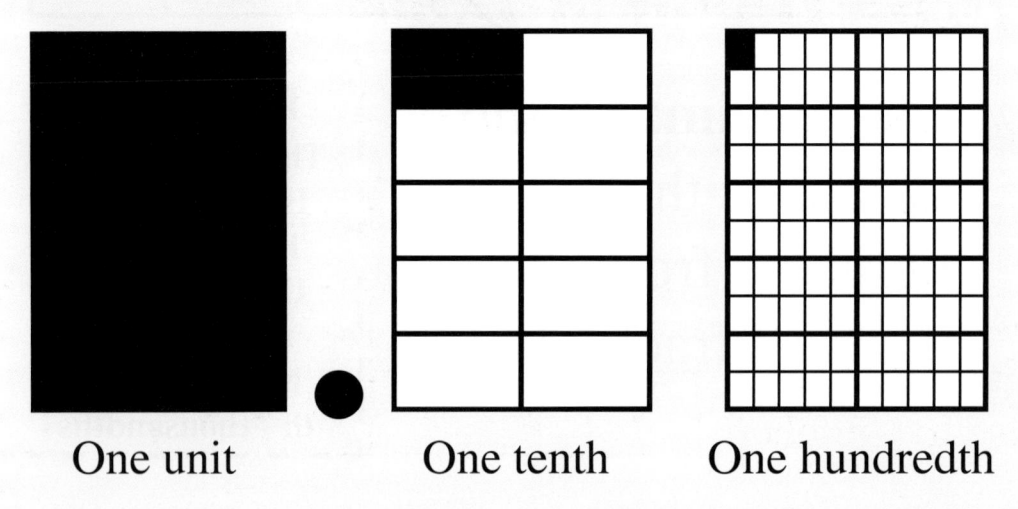

One unit   One tenth   One hundredth

It is written as: **1.11**

It could be expressed as: **1** unit, **1** tenth and **1** hundredth
or   **11** tenths and **1** hundredth
or   **1** unit and **11** hundredths
or   **111** hundredths

2. Place Value
a. Whole Numbers as Decimals

All **Whole Numbers** can be expressed as a **Decimal**.

Example: Express **1** and **25** as decimals.

Put a decimal point after the number, followed by a zero.

Answer: **1.0** and **25.0**

Exercise 3: 1 Express these whole numbers:

With a decimal point.
1) **6** _____
2) **71** _____
3) **59** _____
4) **566** _____
5) **4,988** _____

Without a decimal point.
6) **9.0** _____
7) **98.0** _____
8) **12.0** _____
9) **812.0** _____
10) **5,234.0** _____

Score

b. The Decimal Table

Decimals can be placed on the decimal table for clarity.

Example: Place **3,256.324** on the decimal table.

Use the decimal point to correctly place the number.

Th	H	T	U	t	h	th
3	2	5	6 •	3	2	4

Exercise 3: 2 Put these numbers on the decimal table:

Score

1) **34.12**
2) **0.129**

Th	H	T	U	t	h	th

© 2006 Stephen Curran

3) **667.2**

4) **10.346**

5) **1,975.021**

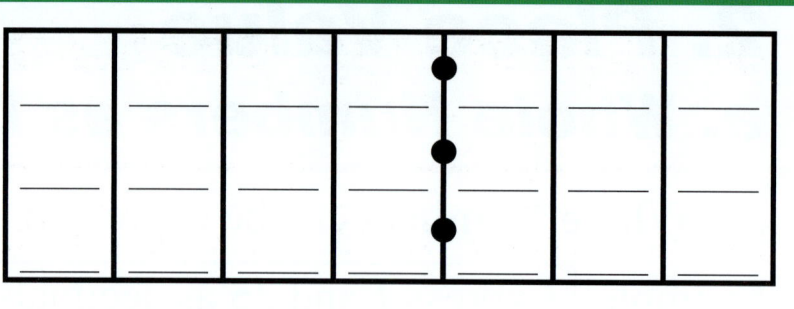

Draw a decimal table and place these numbers on it.

6) **1.8**   7) **8.65**   8) **0.991**   9) **777.44**   10) **1,087.051**

c. Value of Decimals

The **Value of a Decimal Digit** is indicated by its position in the number.

Example: What is the value of the **2** in the number **5.624**?

5 . 6 2 4
- 4 thousandths
- 2 hundredths
- 6 tenths
- Whole number: 5

Answer: **2 hundredths**

Exercise 3: 3   Write the value of the following:

1) The **6** in **2.612**   = _____

2) The **3** in **3.74**   = _____

3) The **9** in **0.941**   = _____

4) The **2** in **4.62**   = _____

5) The **3** in **55.453** = _____

6) The **7** in **1.567**   = _____

Underline the required value in the following:

7) Thousandths in **0.012**   8) Units in **1.67**

9) Hundredths in **4.21**   10) Tenths in **0.322**

d. Expressing Decimal Values

The value of a decimal can be expressed as follows:

Example: Show **1.593** on the decimal table.

Whole number ← ⋮ → Less than a whole one

U	t	h	th
1	5	9	3

It can be expressed as: **1 unit, 5 tenths, 9 hundredths, 3 thousandths**.

or **1 unit, 5 tenths, 93 thousandths**.

or **1 unit, 593 thousandths**.

or **1593 thousandths**.

Note that these are only a few examples of the ways the number can be expressed.

Exercise 3: 4   Write the value of the following:

1) **0.661** in thousandths = _____

2) **1.12** in hundredths = _____

3) **41.32** in tens, units, tenths and hundredths = _____

4) **5.78** in units and hundredths = _____

5) **66.728** in units and thousandths = _____

6) **0.015** in thousandths = _____

7) **79.01** in hundredths = _____

© 2006 Stephen Curran

8) **8.72** in units and hundredths = _____

_____

9) **105.8** in tenths = _____

10) **6.9** in tenths = _____

Score

e. Decimals in Value Order

It is important to be able to put **Decimals in Value Order**.

Example: Arrange the decimals in size order, smallest first.
0.8   0.019   0.97

Step 1 - Draw a decimal table and place the numbers in it.

Step 2 - Complete the table by filling in the spaces with zeros. This converts all the numbers to thousandths.

U	t	h	th
0 •	8	0	0	→ 800 thousandths
0 •	0	1	9	→ 19 thousandths
0 •	9	7	0	→ 970 thousandths

Step 3 - Reorder the numbers by size, smallest first.

Answer: **0.019, 0.8, 0.97**

Exercise 3: 5 Write the following decimals in size order, smallest first:

Score

1) 1.6   1.09   1.306   2) 0.001   0.1   0.01

___ ___ ___   ___ ___ ___

3) 3.8   1.21   0.55   4) 1.9   0.99   0.1

___ ___ ___   ___ ___ ___

60   © 2006 Stephen Curran

5)   1.33   1.213   1.4   6) 3.71   2.9   3.8
___   ___   ___   ___   ___ ___

Write the following in size order, largest first:

7) 2.13   2.9   3   8) 1.012   1.2   1.102
___ ___ ___   ___   ___ ___

9) 14.1   1.141   0.41   10) 0.723   0.91   0.81
___ ___   ___   ___   ___   ___

The size of decimals can be shown in relation to each other by using the following signs.

<   **>**

'Smaller than'   'Bigger than'

Remember: The mouth of the crocodile always swallows the largest amount.

Example:

Smaller than
0.6 < 1.5

Bigger than
1.5 > 0.6

Exercise 3: 6
Place 'bigger than' or 'smaller than' signs between these numbers:

1) 0.04   3.2   2) 0.167   0.2
3) 1.07   0.157   4) 54.158   54.185
5) 1.058   1.06   6) 2.018   2.009
7) 0.6   0.47   8) 0.03   0.027
9) 5.19   3.599   10) 0.076   0.11

Score

f. Number Lines and Decimals

Decimal number sequences can appear confusing unless the smallest counting unit is clearly established.

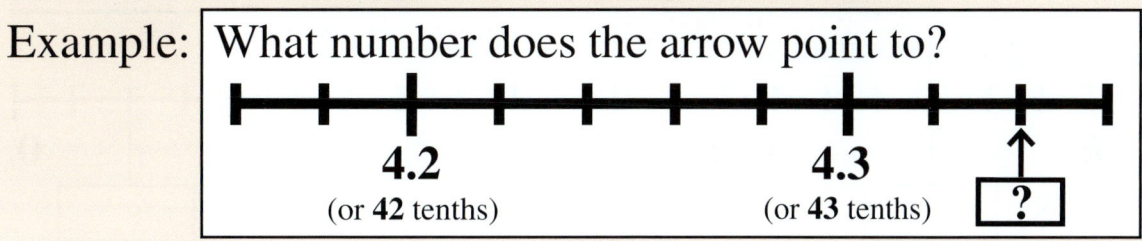

Example: What number does the arrow point to?

4.2   4.3
(or **42** tenths)   (or **43** tenths)   ?

© 2006 Stephen Curran

The larger gap between **4.2** and **4.3** is a tenth of a unit (**4.2** has 1 d.p.), so the smaller gaps are in hundredths of a unit.

Step 1 - Add zeros to **4.2** (**4.20**) and **4.3** (**4.30**) to change them to hundredths of a unit.

Step 2 - Treat **4.20** and **4.30** as whole numbers, i.e. **420** and **430**. Label each missing gap, which is **2** hundredths of a unit.

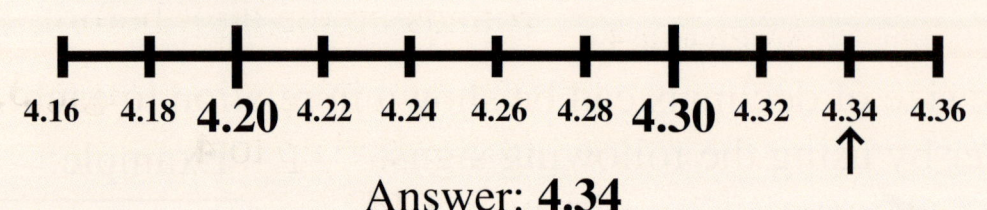

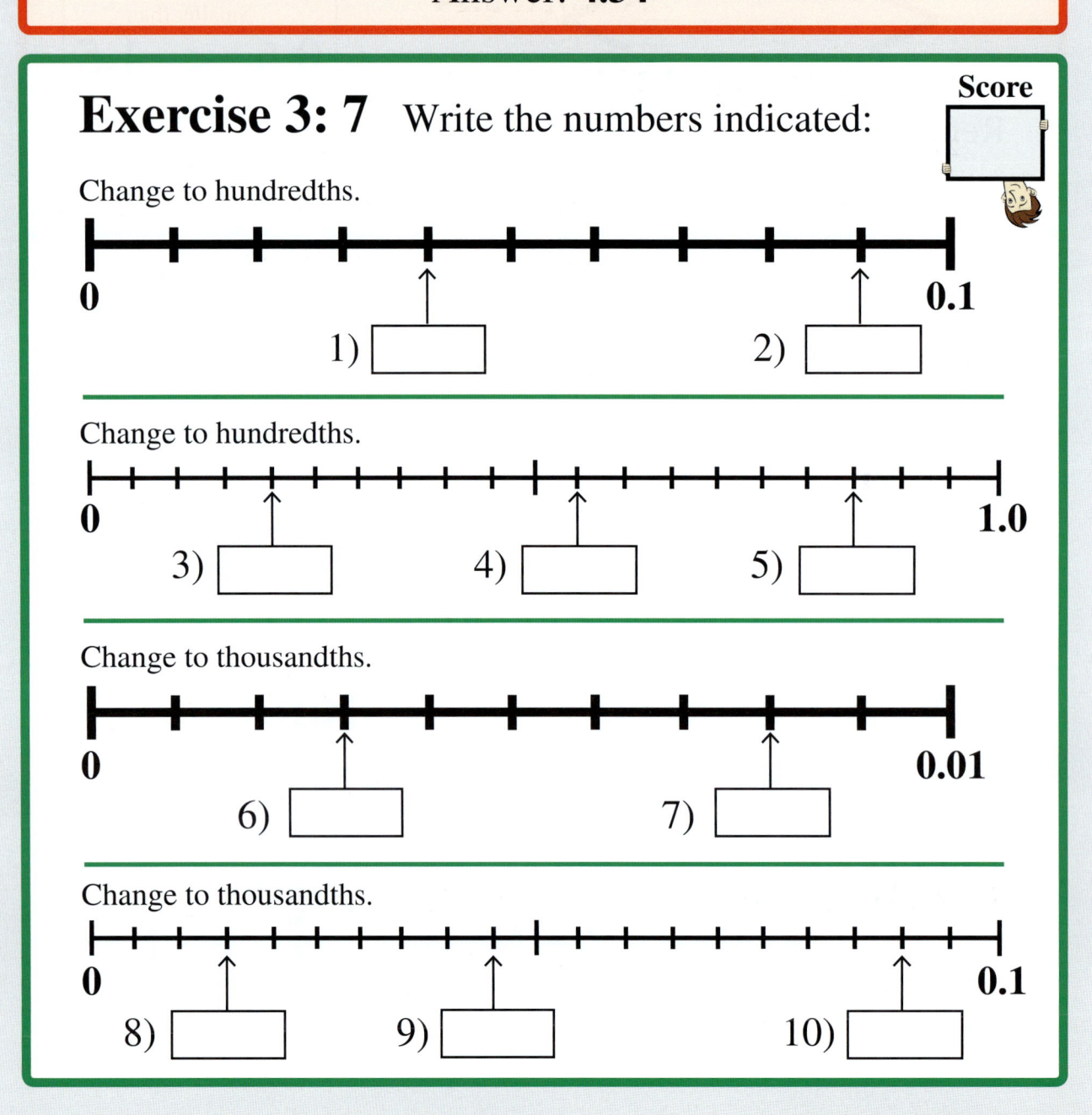

4.16 4.18 **4.20** 4.22 4.24 4.26 4.28 **4.30** 4.32 4.34 4.36

Answer: **4.34**

Exercise 3: 7   Write the numbers indicated:

Change to hundredths.

0 ... 0.1

1)   2)

Change to hundredths.

0 ... 1.0

3)   4)   5)

Change to thousandths.

0 ... 0.01

6)   7)

Change to thousandths.

0 ... 0.1

8)   9)   10)

g. Rounding Decimal Values

By **Rounding Decimal Values**, approximate answers can be found. Rounding occurs to a set number of decimal places.

Example 1: Round **3.135** to 2 decimal places.

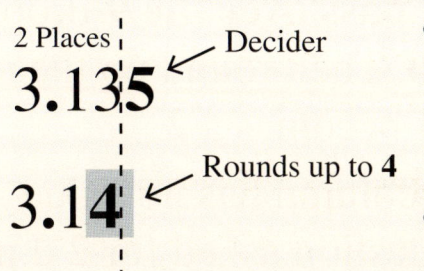

- If the third decimal digit (decider) is **5 or above**, it rounds up the digit before.
- The second decimal digit, **3**, is rounded up to **4**.

Answer: **3.14**

Example 2: Round **3.134** to 2 decimal places.

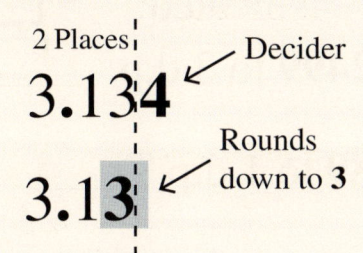

- If the third decimal digit (decider) is **4 or below**, it leaves the digit before it unchanged.
- The **3** remains the same.

Answer: **3.13**

Exercise 3: 8 Round the following:

1) **3.615** to 2 d.p. _____
2) **8.249** to 2 d.p. _____
3) **13.14** to 1 d.p. _____
4) **4.81** to 1 d.p. _____
5) **1.151** to 1 d.p. _____
6) **6.133** to 2 d.p. _____
7) **2.2265** to 3 d.p. _____
8) **7.641** to 2 d.p. _____
9) **9.57** to 1 d.p. _____
10) **5.7712** to 3 d.p. _____

A complication can occur when a **9** has to be rounded.

Example: Round **2.195** to 2 decimal places.

2 Places   Decider
2.19̷5

Rounds up to 2
2.20

- The third digit, **5**, rounds up the **9** to a **10** to give **2** tenths.
- In practice, **pass over the 9** dropping it down to **0**. Then round up the next digit. The **1** becomes a **2**.

Although the **0** in the hundredths column has no value here, it must be included as the question asked for 2 d.p.

Answer: **2.20**

Exercise 3: 9   Round the following: Score

1) **1.798** to 2 d.p. _____
2) **5.2499** to 3 d.p. _____
3) **16.993** to 1 d.p. _____
4) **3.89** to 1 d.p. _____
5) **7.194** to 2 d.p. _____
6) **6.189** to 2 d.p. _____
7) **2.2269** to 3 d.p. _____
8) **3.6499** to 3 d.p. _____
9) **7.599** to 1 d.p. _____
10) **8.797** to 2 d.p. _____

Round Decimals to tenths, hundredths or thousandths

This is the same as rounding to **1**, **2** or **3** decimal places.
- Round to tenths means round to **1** decimal place.
- Round to hundredths means round to **2** decimal places.
- Round to thousandths means round to **3** decimal places.

Exercise 3: 10   Round to tenths, hundredths or thousandths: Score

1) **0.72** (tenths) _____
2) **3.459** (hundredths) _____

3) **7.2754** (thousandths) _____   4) **2.435** (hundredths) _____

5) **4.283** (hundredths) _____   6) **2.549** (tenths) _____

7) **0.8196** (thousandths) _____   8) **6.468** (hundredths) _____

9) **0.95** (tenths) _____   10) **3.6438** (thousandths) _____

Rounding Decimals to Whole Numbers
If the digit after the decimal point is **5 or above** the unit rounds up. If it is **4 or below** it remains the same.

Example: Round **3.61** and **3.46** to whole numbers.

Note: The decider is always the first digit after the decimal point.

Above 5 rounds up the whole number.
↓
3.61 rounds to 4

Below 5 leaves whole number the same.
↓
3.46 rounds to 3

Exercise 3: 11   Round to whole numbers:

1) **0.81** _____   2) **6.468** _____

3) **17.2** _____   4) **3.649** _____

5) **0.99** _____   6) **2.47** _____

7) **20.7** _____   8) **9.874** _____

9) **8.64** _____   10) **5.17** _____

Score

h. Significant Figures & Decimal Values

Numbers can also be rounded using **Significant Figures**. The first significant figure is always the first non-zero digit which lies furthest to the left in the number. This digit is also the most significant as it is the digit with the greatest value.

© 2006 Stephen Curran

The second most significant figure is the one directly to the right of this.

Example 1: Write the significant figures in **5.41**, in order.

Most significant figure is **5**; second most significant figure is **4**; third most significant figure is **1**.

Example 2: Write the significant figures in **0.105**, in order.

Most significant figure is **1**; second most significant figure is **0** (in the hundredths column); third most significant figure is **5**.

Example 3: Write the significant figures in **0.5103**.

The significant figures are: **5103**

Exercise 3: 12 Write the significant figures:

1) **5,008** _____
2) **0.00409** _____
3) **7.906** _____
4) **10.129** _____
5) **0.409** _____
6) **17.47** _____
7) **3.088** _____
8) **0.098** _____
9) **506** _____
10) **0.109** _____

Score

Rounding or Correcting to several Significant Figures

Example 1: Round **73.39** to 3 significant figures.

Count **3** figures from the left. Rounds up to **73.4**.

Example 2: Round **0.001324** to 2 significant figures.

Ignore the zeros but leave them in the answer: **0.0013**

Exercise 3: 13a Round to significant figures:

1) **1,004.7** to 4 sig. fig. _____

66

© 2006 Stephen Curran

2) **55.63** to 3 sig. fig. _____   3) **908.8** to 3 sig. fig. _____

4) **32.7** to 2 sig. fig. _____   5) **0.099** to 1 sig. fig. _____

Example 3: Write **8,290** correct to 1 significant figure.

The cut off is at **8|290**. No rounding up is needed, so write **8**. Fill in the columns up to the decimal point with zeros. Answer: **8,000**

Example 4: Write **2,976** correct to 2 significant figures.

The cut off is at **29|76**. Round to **30**, then fill in the columns up to the decimal point with zeros. Answer: **3,000**

Exercise 3: 13b   Round to significant figures:

6) **12,375** to 2 sig. fig. _____   7) **5,011** to 3 sig. fig. _____

8) **50,766** to 3 sig. fig. _____   9) **384** to 2 sig. fig. _____

10) **6,880** to 1 sig. fig. _____

i. Estimates and Approximations

Estimating is a good way of checking answers.
- Round to 'easy' numbers like **10**, **100** or **1,000**.
- Work out the estimate using these numbers.
- Use the symbol ≈ which means 'nearly equal to'.
- **Right Order of Magnitude** means about the right size.
 (The magnitude of something is a measurement of its size.)

Example 1: Estimate $63.88 - 2.9^2$.

$63.88 - 2.9^2$ → $64 - 3^2$ → $64 - 9 \approx 55$

Round the decimals to the nearest unit.   Multiply out the square number.   Subtract as normal.

© 2006 Stephen Curran

If the number is very small it is approximated to zero.

Example 2: Estimate **109.7 + 0.0003**.

$$109.7 + 0.0003 \longrightarrow 110 + 0 \approx 110$$

Round the decimals to units of 10.

Answer: **110**

(Numbers with a difference of less than 10% would usually be considered to be in the same order of magnitude.)

Exercise 3: 14 Estimate to the nearest whole number:

Score

1) **4.7 + 8.9** ≈ _____   2) **119.55 − 69.81** ≈ _____

3) **95.26 × 6.3** ≈ _____   4) **600.1 ÷ 9.8** ≈ _____

5) **3.1² + 6.9** ≈ _____   6) **16.44 − 9.11** ≈ _____

7) **7.26 × 10.8** ≈ _____   8) **60.22 ÷ 5.4** ≈ _____

9) **5.1 × 8.62** ≈ _____   10) **5.9² ÷ 6.2** ≈ _____

3. Addition and Subtraction

The rules of addition and subtraction:
1. Keep the decimal point in line.
2. Fill all the empty spaces with zeros.
3. Add or subtract as normal.

Example 1: Calculate 5.41 + 62.9.

```
  0 5 . 4 1
  6 2 . 9 0 +
  ─────────
  6 8 . 3 1
      1
```

Example 2: Calculate 35.4 − 5.25.

```
  3 5 . ³4 ¹0
  0 5 . 2 5 −
  ─────────
  3 0 . 1 5
```

68   © 2006 Stephen Curran

Exercise 3: 15 Set out and calculate. Do not round.

1) **8.3 + 6.5** = _____

2) **12.1 + 0.83** = _____

3) **12.3 − 7.4** = _____

4) **16.5 − 8.63** = _____

5) **31.13 + 17 + 0.016** = _____

6) **5.12 − 0.597** = _____

7) **33.45 − 6.856** = _____

8) **6.01 + 0.695** = _____

9) **215.07 − 108.78** = _____

10) **28.714 − 16.45** = _____

Score

4. Multiplication
a. Decimal Multiplication

For **Decimal Multiplication** leave out the decimal point whilst doing the sum and replace it after completion.

Example: Calculate **18.3 × 0.41**.

Step 1 - Leave out the decimal points when multiplying.
18.3 becomes **183**
0.41 becomes **41** (the zero on **041** is irrelevant).

Step 2 - The calculation is **183 × 41**.
Use standard column multiplication to solve.
This will give the answer **7,503**.

$$\begin{array}{r} 183 \\ 41 \times \\ \hline 183 \\ 7320 \\ \hline 7503 \end{array}$$

Step 3 - Count the decimal places in both the original numbers.

$$18{\overset{1}{.}}3 \times 0{\overset{2}{.}}41$$

Step 4 - Add the number of decimal places together.

$1 + 2 = 3$ decimal places

Step 5 - Count three places from the right in the answer and insert the decimal point.

Count in the point, 3 places from the right.

7.503

Answer: **7.503**

Exercise 3: 16 Round (where necessary) to two decimal places:

Score

1) **2.3 × 8** = _____

2) **9.4 × 0.7** = _____

3) **8.6 × 5** = _____

4) **9.4 × 0.03** = _____

5) **0.4 × 0.4** = _____

6) **2.9 × 1.8** = _____

7) **0.43 × 2.5** = _____

8) **24.44 × 4.4** = _____

9) **3.9 × 1.2** = _____

10) **0.7 × 0.05** = _____

b. Multiplying Decimals by Tens

Multiplying by ten moves the decimal point **one place to the right**. Each multiplication by ten takes the decimal point one place further to the right.

Example: Calculate **0.3 × 10** and **0.3 × 100**.

These sums can be written:

Multiply by **10**
(move d.p. one place). $0.30 \times 10 = 03.0 = 3$ (1 place right)

Multiply by **100**
(move d.p. two places). $0.30 \times 100 = 030.0 = 30$ (2 places right)

To assist in counting the point it helps to add zeros.

Add zeros

0.300 becomes **030.0**   Decimal point moves 2 places to the right.

Answer: **3** and **30**

Exercise 3: 17 Calculate the following:

1) **2.5 × 10** = _____

2) **3.62 × 10** = _____

3) **94.32 × 100** = _____

4) **2.3 × 100** = _____

5) **16 × 10** = _____

6) **63.18 × 10** = _____

7) **32.653 × 100** = _____

8) **4.3 × 1,000** = _____

9) **0.7 × 100** = _____

10) **23.47 × 1,000** = _____

Score

© 2006 Stephen Curran

5. Division
a. Decimal Division
(i) Dividing by a Whole Number

Dividing into a decimal by a whole number follows the same rules as standard division.

It is important to know that **Remainders** and **Decimals** are not the same:

A remainder is a whole number that is left over. ⟶ $\boxed{15 \div 6}$

$$\begin{array}{r} 2 \text{ rem. } 3 \\ 6\overline{)15} \end{array}$$

For example, **15 ÷ 6 = 2 groups of 6 units and 3 units left over**.

A decimal is created by carrying the remainder into the tenths column. It is divided to give a decimal answer. ⟶ $\boxed{15 \div 6}$

$$\begin{array}{r} 2.5 \\ 6\overline{)15.^{3}0} \end{array}$$

For example, **15 ÷ 6 = 2 groups of 6 units and 5 tenths**.

Example: $\boxed{\text{Calculate } 5.1 \div 12. \text{ (Round to 2 d.p.)}}$

Step 1 - Set out the calculation as a standard division.

Step 2 - Divide, keeping the decimal point in line in the answer.

Insert extra zeros to allow the division to continue.

Step 3 - Round the answer to 2 decimal places.

0.425 rounds up to **0.43**.

Answer: **0.43**

$$\begin{array}{r}
0.425 \\
12\overline{)5.100} \\
\underline{4\ 8} \\
30 \\
\underline{24} \\
60 \\
\underline{60} \\
00
\end{array}$$

Follow the same technique for short and long division.

© 2006 Stephen Curran

Exercise 3: 18a Calculate the following:

(Questions 1-2 divide exactly to 1 or 2 decimal places.)

1)   33.3 ÷ 3   2)   23.4 ÷ 5

$$3\overline{)33.3}$$ $$5\overline{)23.40}$$

= _____   = _____

(Round each answer to 2 decimal places in questions 3-4.)

3)   6.36 ÷ 15   4)   90.4 ÷ 25

= _____   = _____

(Round each answer to 3 decimal places in questions 5-6.)

5)   0.1974 ÷ 21   6)   0.971 ÷ 13

= _____   = _____

(ii) Recurring Decimals

Some numbers that will not divide exactly will produce a **Recurring Decimal**. This is a number that has a repeated pattern that will go on the same way forever.

Example 1: Calculate **17.2 ÷ 6.**   Divide the decimal the same way as before.

$$\begin{array}{r} 2.8666 \\ 6\overline{\smash{)}17.52^40^40^40} \end{array}$$

The answer can be shown with a **recurring dot**.

$2.8\dot{6}$ It can also be rounded to 2 d.p. 2.87

Sometimes two different digits repeat over and over again.

Example 2: $\boxed{6.84 \div 11}$

$$\begin{array}{r} 0.621818 \\ 11\overline{\smash{)}6.8^64^20^90^20^90} \end{array}$$

The answer can be shown with two recurring dots.

$0.62\dot{1}\dot{8}$

Exercise 3: 18b   Calculate using recurring dots:

7) $5.2 \div 3$ 8) $31.6 \div 9$

$$3\overline{\smash{)}5.200} \qquad\qquad 9\overline{\smash{)}31.60}$$

= _____   = _____

9) $100 \div 18$ 10) $33.7 \div 33$

= _____   = _____

Score

(iii) Dividing by a Decimal

In **Decimal Division**, the divisor (dividing number) must be a whole number. If the divisor is a decimal:

1. Move the decimal point in the divisor to the right, making it a whole number.
2. Compensate by moving the decimal point in the

> dividend (number being divided into) to the right by the same number of places.
> 3. Do the calculation as normal. Follow the same technique for short and long division.

Example: Calculate **1.73 ÷ 0.7**.

Step 1 - Move the decimal point one place to the right on the divisor and dividend.

$$1.73 \div 0.7$$ (Move 1 place, Move 1 place)

Step 2 - This is now **17.3** divided by **7** units.

$$17.3 \div 7$$

Step 3 - Add some zeros to enable the division to continue. Round to 2 decimal places.

$$7 \overline{) 17.3^3 0^5 0^1} = 2.471$$

Answer: **2.47**

Exercise 3: 19   Calculate the following:

(Questions 1-4 divide exactly to two decimal places.)

1) **7.64 ÷ 0.8**

$$8 \overline{) 76.40}$$

= _____

2) **9.71 ÷ 0.04**

$$4 \overline{) 971.00}$$

= _____

3) **52.86 ÷ 1.2**

4) **88.2 ÷ 2.4**

= _____   = _____

(Use a recurring dot to show recurring decimals in questions 5-6.)

5) $65.8 \div 0.06$

6) $52.5 \div 0.9$

= _____

= _____

(Round each answer to 2 decimal places in questions 7-8.)

7) $65.35 \div 1.3$

8) $87.5 \div 0.16$

= _____

= _____

(Round each answer to 3 decimal places in questions 9-10.)

9) $576.7 \div 1.4$

10) $4.892 \div 0.17$

Score

= _____

= _____

© 2006 Stephen Curran

(iv) Hidden Decimals

If there are no decimals in a question but they appear in the answer, they are called **Hidden Decimals**.

Example: Calculate **15 ÷ 4**.

Step 1 - No decimal points are shown in the question. Complete as standard short division.

Step 2 - Insert a decimal point and extra zero to continue the division. The answer has two decimal places.

$$4 \overline{)15.\!^{3}0\!^{2}0} = 3.75$$

Answer: **3.75**

Exercise 3: 20   Calculate the following: Score

Answer to 2 decimal places where necessary.

1) $9 \div 2 = $ _____

$$2\overline{)9.0}$$

2) $7 \div 6 = $ _____

$$6\overline{)7.00}$$

3) $19 \div 5 = $ _____

4) $22 \div 6 = $ _____

5) $110 \div 4 = $ _____

6) $21 \div 5 = $ _____

7) $12 \div 7 = $ _____

8) $81 \div 8 = $ _____

9) $51 \div 9 = $ _____

10) $40 \div 7 = $ _____

b. Dividing Decimals by Tens

Dividing by Ten moves the decimal point **one place to the left**. Each division by ten takes the decimal point one place further to the left.

Example: Calculate $0.3 \div 10$ and $0.3 \div 100$.

These sums can be written:

Divide by **10**
(move d.p. one place).

$$0.3 \div 10 = 0.03$$

1 place left

Divide by **100**
(move d.p. two places).

$$0.3 \div 100 = 0.003$$

2 places left

To assist in counting the point it helps to add zeros.

Add zeros → **000.3** becomes **0.003**   Decimal point moves 2 places to the left.

Answer: **0.03** and **0.003**

Exercise 3: 21   Calculate the following: Score ☐

1) $38.6 \div 10 =$ _____

2) $23.6 \div 100 =$ _____

3) $19 \div 10 =$ _____

4) $95 \div 100 =$ _____

5) $7.45 \div 100 =$ _____

6) $16.5 \div 10 =$ _____

7) $12.9 \div 100 =$ _____

8) $12.8 \div 1{,}000 =$ _____

9) $25.6 \div 100 =$ _____

10) $0.6 \div 100 =$ _____

© 2006 Stephen Curran

6. Decimal Operations
a. Decimal Tables

Decimal Tables work in the same way as addition, subtraction, multiplication and division tables, except decimal values are used (see earlier in Maths Workbook 1).

Exercise 3: 22 Find the missing amounts: Score

1-2)
A = _____
B = _____

+	1.2	2.4
A	2.3	3.5
3.7	4.9	B

3-4)
A = _____
B = _____

−	10	14.5
A	6.4	10.9
3.9	6.1	B

5-7)
A = _____
B = _____
C = _____

×	0.9	0.3	A
6	B	1.8	2.4
4	3.6	1.2	1.6
3	2.7	C	1.2

8-10)
A = _____
B = _____
C = _____

÷	A	16	20
5	2.4	B	4
3	4	5.$\dot{3}$	6.$\dot{6}$
C	8	10.$\dot{6}$	13.$\dot{3}$

b. Order of Operations
(i) With Brackets

If a question contains **Brackets**, do the sum in the brackets first.

Example: Calculate **8.82 ÷ (4.68 − 1.08)**.

Brackets first **4.68 − 1.08 = 3.6** then **8.82 ÷ 3.6 = 2.45**

Answer: **2.45**

Exercise 3: 23a Calculate the following to 2 d.p.:

1) $0.207 \div (1.5 \times 0.6)$

   = _____

2) $(2.9 + 0.56) \times 2.5$

   = _____

3) $(0.59 \times 0.7) + 4.25$

   = _____

4) $5.5 \div (0.12 - 0.035)$

   = _____

5) $0.16 \times (9.3 - 1.25)$ = _____

(ii) Without Brackets

The Order of Operations can be remembered by using the acronym **BIDMAS** (sometimes seen as **BODMAS**).

Brackets, **I**ndices, **D**ivision, **M**ultiplication, **A**ddition and **S**ubtraction

or **O**f (to the power 'of')

If a sum has no brackets or indices but has two or more signs, do ÷ or × first (in the order of the question), then + or − (in the order of the question).

Example: Calculate $4.9 - 0.5 \times 0.8$.

Multiply first $0.5 \times 0.8 = 0.4$ then $4.9 - 0.4 = $ **4.5**

Answer: **4.5**

Exercise 3: 23b Calculate the following to 2 d.p.:

6) $1.2 + 4.5 - 0.6$

   = _____

7) $2.2 + 0.12 \times 6.3$

   = _____

8) $4.6 - 0.3 + 4.25$

   = _____

9) $8.6 \div 4.5 - 0.85$

   = _____

10) $0.14 \times 4.3 \div 1.5$ = _____

Score

7. Decimal Problems

Remember the following definitions:
 Add → **Sum** Subtract → **Difference**
 Multiply → **Product** Divide → **Quotient**

Exercise 3: 24 Do the following calculations:

Score

1) Find the sum of **46.78** and **5.69**. _____

2) Find the difference between **78.2** and **9.9**. _____

3) Find the product of **56** and **6.9**. _____

4) Find the quotient of **14.3** by **2.6**. _____

This table shows the marks scored by **three** children in their end of year tests.

Subject	Paula	Vishal	Naomi
Maths	46.3	27	33.5
English	32.5	37.9	38.8
Science	40.6	40.5	47.6

5) Who scored the lowest score in any subject? _____

6) What was the highest score achieved in any subject? _____

7) Which child scored the most overall? _____

8) Who scored the least overall? _____

9) Find the sum of **44.3** and **2.9** then divide it by the difference between **6.2** and **8.5**. Give your answer to 2 d.p. _____

10) Find the difference between **2.7** and **3.1** then multiply it by **6.7**. _____

82 © 2006 Stephen Curran

Answers

11+ Maths
Year 5-7 Workbook 1

Chapter One
Basic Number

Exercise 1: 1
1) 35   2) 409   3) 100,000
4) 446   5) 6,021   6) 75,000
7) 965,000   8) 1,400,000
9) 949   10) 152,395

Exercise 1: 2
1) Eleven   2) Twenty-three
3) Eight hundred and ninety-nine
4) One hundred and ninety
5) Three hundred and fifty-nine
6) One thousand, three hundred and ten
7) Twenty-five thousand, eight hundred and fifty-three
8) Sixty-nine thousand, nine hundred and forty-two
9) Two hundred and thirty-four thousand, three hundred
10) One million, five hundred and forty-five thousand, seven hundred and seventy

Exercise 1: 3
1) 9,990; 9,078; 5,743, 3,561; 1,232; 772
2) Fifty; Eight
3) 600; 50; 50,000
4) 376,216   5) 79,433
6) 987; 978; 897; 879; 798; 789
7) 516,998   8) 11,210
9) 12; 88; 901; 1,192; 7,069; 8,754
10) 13,589

Exercise 1: 4a
1) 11,553   2) 9,441
3) 6,768   4) 13,622

Exercise 1: 4b
(Missing numbers only)
5) 7; 5; 6   6) 8; 1; 8
7) 2; 1; 9   8) 7; 9; 8
9) 4; 6; 3   10) 1; 5; 0

Exercise 1: 5a
1) 2,233   2) 7,767
3) 1,338   4) 5,815

Exercise 1: 5b
5) 163   6) 187
7) 1,521   8) 1,527
9) 2,801   10) 2,506

Exercise 1: 6
1) 322   2) 88   3) 208
4) 2,371   5) 1,273   6) 1,401
7) 2,754   8) 6,482
9) 31,388   10) 28,013

Exercise 1: 7
(Missing numbers only)
1) 8; 2; 1   2) 5; 2; 6
3) 0; 3; 6   4) 5; 9; 5
5) 4; 0; 1; 6   6) 2; 3; 9; 3
7) 8; 4; 1; 1   8) 2; 1; 4; 5
9) 3; 0; 9; 2   10) 7; 7; 0; 7

Exercise 1: 8a
1) 20,796   2) 21,988
3) 29,935   4) 47,706
5) 52,640   6) 78,888

Exercise 1: 8b
(Missing numbers only)
7) 2; 1   8) 8; 3
9) 7; 8   10) 9; 2

Exercise 1: 9
1) 50   2) 600
3) 7,000   4) 2,500
5) 300   6) 10,000
7) 15,000   8) 55,000
9) 1,300   10) 50,000

Exercise 1: 10
1) 805   2) 4,365
3) 1,083   4) 1,075
5) 12,070   6) 6,408
7) 37,050   8) 17,504
9) 104,312   10) 161,025

Exercise 1: 11
1) 612   2) 3,066
3) 2,666   4) 1,456
5) 77,004   6) 66,148
7) 11,025   8) 230,007
9) 405,246   10) 638,172

Exercise 1: 12a
1) 86   2) 94
3) 98   4) 1,631 r. 2
5) 989 r. 3   6) 9,717 r. 1

Exercise 1: 12b
(Missing numbers only)
7) 2   8) 3   9) 4   10) 4

Exercise 1: 13
1) 5   2) 3   3) 50
4) 56   5) 2   6) 320
7) 40   8) 52   9) 60
10) 59

Exercise 1: 14
1) 654   2) 689
3) 321   4) 412
5) 271 r. 7   6) 301 r. 7
7) 683 r. 11   8) 936 r. 11
9) 581 r. 12   10) 954 r. 4

Exercise 1: 15
1) 1080   2) 45   3) 55
4) 46   5) 52   6) 19
7) 74   8) 54   9) 2
10) 4

Exercise 1: 16
1-2) 119; 64
3-5) 48; 127; 79
6-7) 1,462; 43
8-10) 1,296; 48; 27

Exercise 1: 17a
1) 32   2) 7   3) 21
4) 130   5) 4

Exercise 1: 17b
6) 43   7) 15   8) 53
9) 21   10) 137

© 2006 Stephen Curran

11+ Maths
Year 5-7 Workbook 1

Answers

Exercise 1: 18a
1) 5   2) 48   3) 54
4) 189   5) 141

Exercise 1: 18b
6) 50   7) 96   8) 24
9) 35   10) 8

Exercise 1: 19
1) 7, 9, 8, 2   2) 173 r.7
3) 5,600,000   4) 172,924
5) 14   6) 182   7) 167
8) 15,665   9) 90   10) 139

Chapter Two
Number Relationships

Exercise 2: 1
1) A = 9   2) A = 3
3-4) A = 19 ; B = 16
5-6) A = 12 ; B = 18
7-8) A = 10 ; B = 9
9-10) A = 20 ; B = 80

Exercise 2: 2
1-2) A = 10; B = 17
3-4) A = 5; B = 4
5-7) A = 7; B = 10; C = 20
8-10) A = 6; B = 8; C = 21

Exercise 2: 3
1-2) A = 4; B = 11
3-4) A = 5; B = 3
5-7) A = 12; B = 21; C = 0
8-10) A = 5; B = 9; C = 6

Exercise 2: 4
1-2) A = 30; B = 10
3-4) A = 81; B = 4
5-7) A = 7; B = 35
    C = 6
8-10) A = 3; B = 28
    C = 6

Exercise 2: 5
1-2) A = 6; B = 3
3-4) A = 12; B = 2

5-7) A = 72; B = 4; C = 12
8-10) A = 45; B = 18; C = 9

Exercise 2: 6
1) 19,107   2) 833
3) 1,848   4) 21,775
5) 5,445   6) 50,505
7) 30,409   8) 41,925
9) 19,491   10) 2,706

Exercise 2: 7
1) 7,182   2) 585
3) 2,964   4) 27,772
5) 3,588   6) 51,282
7) 11,628   8) 17,595
9) 19,701   10) 3,196

Exercise 2: 8a
1) 5,977   2) 2,695
3) 10,604   4) 12,312
5) 24,308

Exercise 2: 8b
6) 19 r.6   7) 17 r.18
8) 11 r.46   9) 19 r.50
10) 23 r.25

Exercise 2: 9
1) 30   2) 560
3) 300   4) 200
5) 3,000   6) 6,000
7) 90   8) 150
9) 150   10) 30

Exercise 2: 10
1) Odd   2) Even
3) Odd   4) Even
5) Odd   6) Odd
7) Even   8) Even
9) 82, 866, 800, 54
10) 1,989 does not

Exercise 2: 11
1) 16   2) 49   3) 81
4) 144   5) 36   6) 256
7) 225   8) 289   9) 625
10) 324

Exercise 2: 12
1) 2   2) 5   3) 10   4) 4
5) 6   6) 8   7) 7   8) 11
9) 9   10) 12

Exercise 2: 13
1) 8   2) 64   3) 216
4) 343   5) 125   6) 729
7) 1,000   8) 512
9) 1,728   10) 1,331

Exercise 2: 14
1) 4   2) 5   3) 2   4) 8
5) 6   6) 10   7) 3   8) 9
9) 7   10) 11

Exercise 2: 15
1) 16   2) 1   3) 81
4) 625   5) 729   6) 64
7) 243   8) 1,024
9) 3,125   10) 256

Exercise 2: 16
1) Not prime   2) Prime
3) Not prime   4) Prime
5) Prime   6) Not prime
7) Prime   8) Not prime
9) Prime   10) Not prime

Exercise 2: 17
1) Yes   2) No   3) Yes
4) Yes   5) Yes   6) Yes
7) 24   8) 45   9) 72
10) 12

Exercise 2: 18
1) 15   2) 36   3) 28
4) 55   5) 45   6) 21
7) 10 and 15
8) 6 and 10 or 15 and 1
9) 3 and 6
10) 10 and 21 or 3 and 28

Exercise 2: 19a
1) 19, 10   2) 54, 162
3) 29, 35   4) 12, 30
5) 125, 216   6) 6, 0

Exercise 2: 19b
7) 32, 64   8) 12, 15
9) 8, 7   10) 25, 36

84   © 2006 Stephen Curran

Answers

11+ Maths
Year 5-7 Workbook 1

Exercise 2: 20
1-2) 40, 140
3-4) 100, 350
5-7) 60, 180, 340
8-10) 14, 56, 112

Exercise 2: 21a
1) 9 2) 3 3) -1°C
4) -5°C 5) 10°C

Exercise 2: 21b
6) a) -3 < 2 b) -8 < 10
   c) 2 > -7
7) -10, -5, -2, -1, 5, 8, 10

Exercise 2: 21c
8) 4 9) 1 10) -7

Exercise 2: 22
1) 1, 3, 5, 9, 15, 45
2) 1, 2, 4, 5, 10, 20
3) 1, 3, 5, 15 4) 1, 13
5) 1, 2, 3, 6, 9, 18
6) 1, 2, 13, 26 7) 1, 5, 25
8) 1, 2, 3, 5, 6, 10, 15, 30
9) 1, 2, 5, 10, 25, 50
10) 1, 2, 3, 4, 6, 8, 12, 16, 24, 48

Exercise 2: 23a
1) 2, 3, 6 2) 1, 2, 4, 8
3) 3, 6 4) 3, 5, 15

Exercise 2: 23b
5) 1 6) 7 7) 4
8) 8 9) 4 10) 12

Exercise 2: 24
1) 2, 5 2) 3, 5 3) 2, 5
4) 2, 7 5) 2, 13 6) 2, 3
7) 3 8) 2 9) 5 10) 2

Exercise 2: 25
1) 14, 21, 28, 35, 42
2) 16, 24, 32, 40, 48
3) 30, 45, 60, 75, 90
4) 18, 27, 36, 45, 54
5) 32, 48, 64, 80, 96
6) 28, 42, 56, 70, 84
7) 24, 36, 48, 60, 72

8) 12, 18, 24, 30, 36
9) 26, 39, 52, 65, 78
10) 22, 33, 44, 55, 66

Exercise 2: 26a
1) 12, 24 2) 36, 48
3) 12, 18 4) 24, 48

Exercise 2: 26b
5) 24 6) 36 7) 72
8) 42 9) 56 10) 132

Exercise 2: 27
1) 53 seats 2) 97 do not
3) No 4) 7 shelves
5) 566 seats 6) 20 passengers
7) 2 classrooms 8) 390 children
9) 210 books 10) 55 children

Exercise 2: 28
1) 24 2) 290 3) 409
4) 526 5) 1,009 6) 740
7) 1,321 8) 1,854 9) 2,155
10) 958

Exercise 2: 29
1) XXXIII 2) LXVII
3) CDLXXVIII 4) XCIX
5) CCXLII 6) DXXIX
7) DCCLXXXIV
8) MCDXLIV
9) MMCDXCVIII
10) MMMCMLIX

Exercise 2: 30
1) a) A = 17; B = 11
   b) A = 42; B = 18
2) a) 196 b) 128 c) 1,296 d) 13
3) a) 4, 6, 8, 9, 10
   b) 6 and 10 c) 23 d) 16
4) a) 25, 36 b) 46, 81
5) a) 7 b) -3 c) 0
6) a) 1, 2, 4, 8, 16, 32, 64
   b) 18 c) 2, 3, 5 d) 7
7) a) 60 b) 168 c) 70
8) 480 bottles
9) 756 glasses
10) 850 seats

Chapter Three
Decimals
Exercise 3: 1
1) 6.0 2) 71.0
3) 59.0 4) 566.0
5) 4,988.0 6) 9
7) 98 8) 12
9) 812 10) 5,234

Exercise 3: 2

	TH	H	T	U	•	t	h	th
1)				3	•	4	1	2
2)				0	•	1	2	9
3)		6	6	7	•	2		
4)			1	0	•	3	4	6
5)	1	9	7	5	•	0	2	1
6)				1	•	8		
7)				8	•	6	5	
8)				0	•	9	9	1
9)		7	7	4	•	4		
10)	1	0	8	7	•	0	5	1

Exercise 3: 3
1) 6 tenths 2) 3 units
3) 9 tenths
4) 2 hundredths
5) 3 thousandths
6) 7 thousandths
7) 0.01**2** 8) **1**.67
9) 4.2**1** 10) 0.**3**22

Exercise 3: 4
1) 661 thousandths
2) 112 hundredths
3) 4 tens, 1 unit, 3 tenths and 2 hundredths
4) 5 units and 78 hundredths
5) 66 units and 728 thousandths
6) 15 thousandths
7) 7,901 hundredths
8) 8 units and 72 hundredths
9) 1,058 tenths
10) 69 tenths

© 2006 Stephen Curran

11+ Maths
Year 5-7 Workbook 1

Answers

Exercise 3: 5
1) 1.09; 1.306; 1.6
2) 0.001; 0.01; 0.1
3) 0.55; 1.21; 3.8
4) 0.1; 0.99; 1.9
5) 1.213; 1.33; 1.4
6) 2.9; 3.71; 3.8
7) 3; 2.9; 2.13
8) 1.2; 1.102; 1.012
9) 14.1; 1.141, 0.41
10) 0.91; 0.81; 0.723

Exercise 3: 6
1) 0.04 < 3.2
2) 0.167 < 0.2
3) 1.07 > 0.157
4) 54.158 < 54.185
5) 1.058 < 1.06
6) 2.018 > 2.009
7) 0.6 > 0.47
8) 0.03 > 0.027
9) 5.19 > 3.599
10) 0.076 < 0.11

Exercise 3: 7
1) 0.04   2) 0.09   3) 0.2
4) 0.55   5) 0.85   6) 0.003
7) 0.008 8) 0.015
9) 0.045 10) 0.09

Exercise 3: 8
1) 3.62   2) 8.25   3) 13.1
4) 4.8   5) 1.2   6) 6.13
7) 2.227 8) 7.64
9) 9.6   10) 5.771

Exercise 3: 9
1) 1.80   2) 5.250 3) 17.0
4) 3.9   5) 7.19   6) 6.19
7) 2.227 8) 3.650
9) 7.6   10) 8.80

Exercise 3: 10
1) 0.7   2) 3.46
3) 7.275 4) 2.44
5) 4.28   6) 2.5
7) 0.820 8) 6.47
9) 1.0   10) 3.644

Exercise 3: 11
1) 1   2) 6   3) 17   4) 4
5) 1   6) 2   7) 21   8) 10
9) 9   10) 5

Exercise 3: 12
1) 5008   2) 409   3) 7906
4) 10129 5) 409   6) 1747
7) 3088   8) 98   9) 506
10) 109

Exercise 3: 13a
1) 1,005 2) 55.6 3) 909
4) 33   5) 0.1

Exercise 3: 13b
6) 12,000 7) 5,010
8) 50,800 9) 380
10) 7,000

Exercise 3: 14
1) 14   2) 50   3) 570
4) 60   5) 16   6) 7
7) 77   8) 12   9) 45
10) 6

Exercise 3: 15
1) 14.8   2) 12.93
3) 4.9   4) 7.87
5) 48.146 6) 4.523
7) 26.594 8) 6.705
9) 106.29 10) 12.264

Exercise 3: 16
1) 18.4   2) 6.58   3) 43
4) 0.28   5) 0.16   6) 5.22
7) 1.08   8) 107.54
9) 4.68   10) 0.04

Exercise 3: 17
1) 25   2) 36.2   3) 9,432
4) 230   5) 160   6) 631.8
7) 3,265.3 8) 4,300
9) 70   10) 23,470

Exercise 3: 18a
1) 11.1   2) 4.68
3) 0.42   4) 3.62
5) 0.009 6) 0.075

Exercise 3: 18b
7) 1.7$\dot{3}$ 8) 3.5$\dot{1}$
9) 5.$\dot{5}$ 10) 1.0$\dot{2}\dot{1}$

Exercise 3: 19
1) 9.55   2) 242.75
3) 44.05   4) 36.75
5) 1,096.$\dot{6}$ 6) 58.$\dot{3}$
7) 50.27   8) 546.88
9) 411.929   10) 28.776

Exercise 3: 20
1) 4.5   2) 1.17
3) 3.8   4) 3.67
5) 27.5   6) 4.2
7) 1.71   8) 10.13
9) 5.67   10) 5.71

Exercise 3: 21
1) 3.86   2) 0.236
3) 1.9   4) 0.95
5) 0.0745 6) 1.65
7) 0.129   8) 0.0128
9) 0.256   10) 0.006

Exercise 3: 22
1) A = 1.1   2) B = 6.1
3) A = 3.6   4) B = 10.6
5) A = 0.4   6) B = 5.4
7) C = 0.9   8) A = 12
9) B = 3.2   10) C = 1.5

Exercise 3: 23a
1) 0.23   2) 8.65
3) 4.66   4) 64.71
5) 1.29

Exercise 3: 23b
6) 5.10   7) 2.96
8) 8.55   9) 1.06
10) 0.40

Exercise 3: 24
1) 52.47   2) 68.3
3) 386.4   4) 5.5
5) Vishal scored lowest
6) 47.6 in Science
7) Naomi scored most
8) Vishal scored least
9) 20.52   10) 2.68

PROGRESS CHARTS

Shade in your score for each exercise on the graph. Add up for your total score. If there are a) b) c) etc. parts to a question, all parts must be correct to gain a mark.

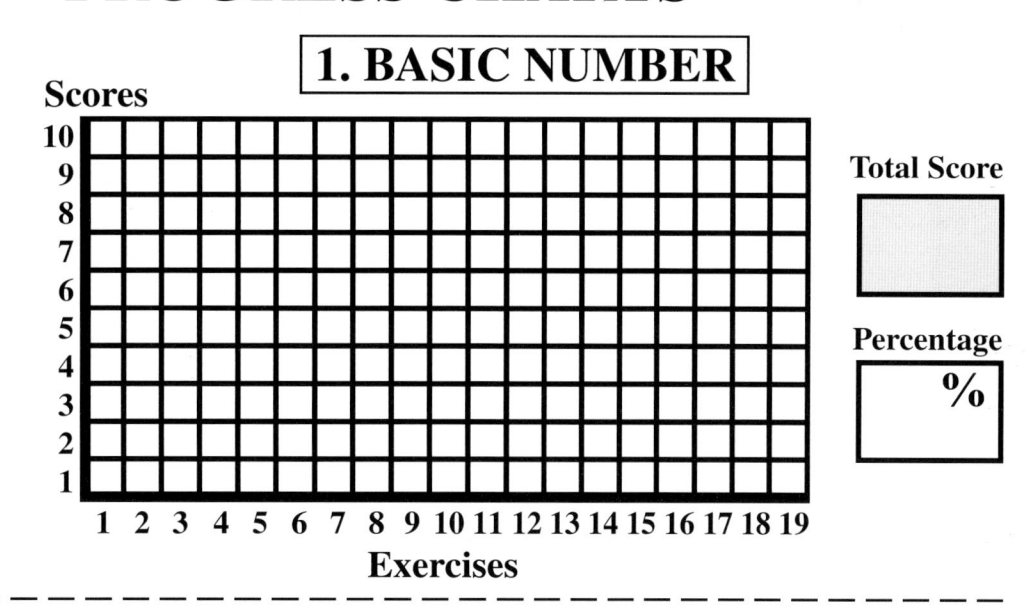

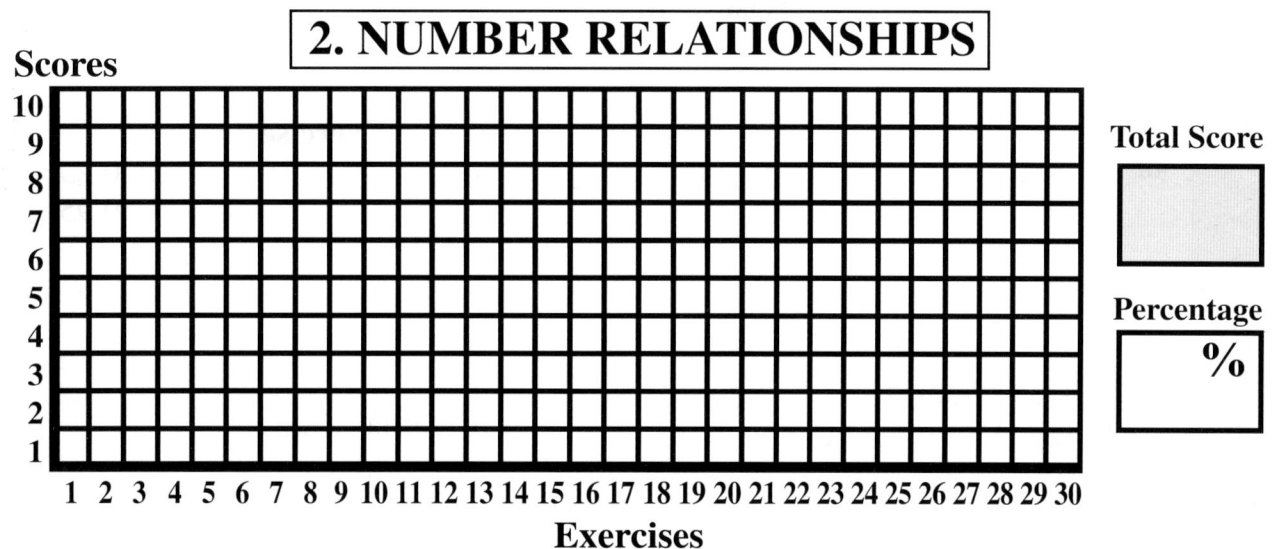

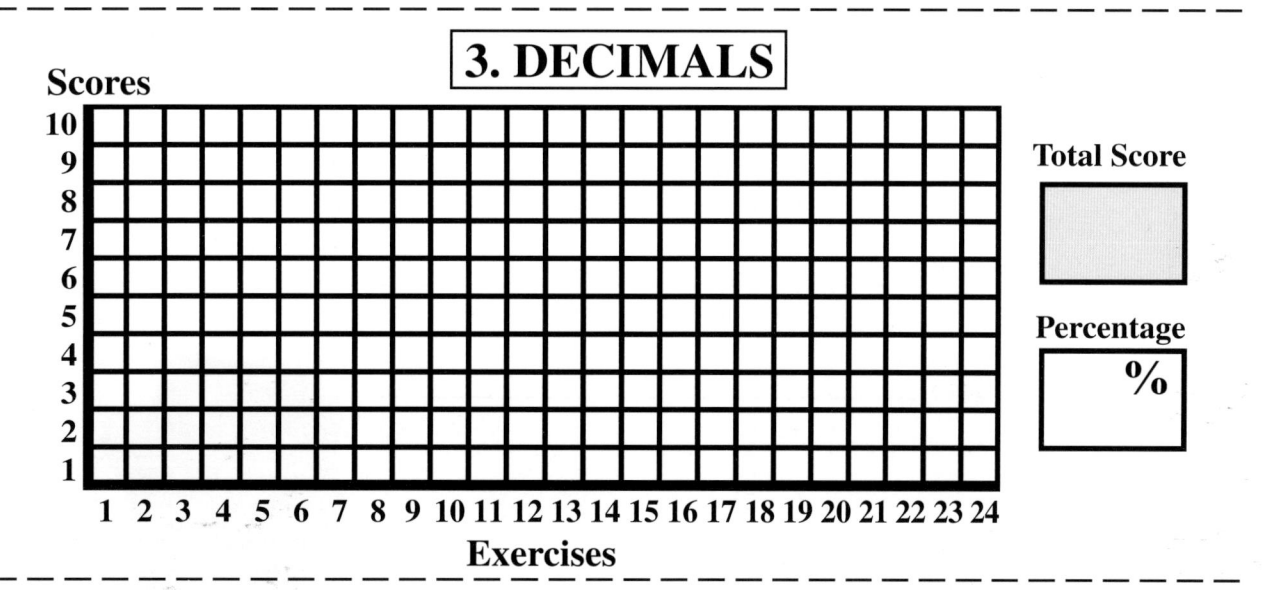

1. BASIC NUMBER

Scores (1–10) vs Exercises (1–19)

Total Score

Percentage %

2. NUMBER RELATIONSHIPS

Scores (1–10) vs Exercises (1–30)

Total Score

Percentage %

3. DECIMALS

Scores (1–10) vs Exercises (1–24)

Total Score

Percentage %

For the average add up % and divide by 3

Overall Percentage %

© 2006 Stephen Curran

87

CERTIFICATE OF ACHIEVEMENT

This certifies

_____

has successfully completed

11+ Maths
Year 5–7
WORKBOOK 1

Overall percentage score achieved [ ] %

Comment _____

_____

Signed _____
(teacher/parent/guardian)

Date _____

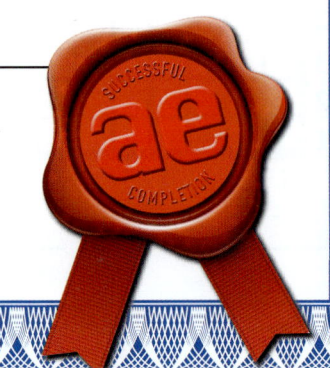